global
marshall
plan **( )** *planetary contract*

Impressum

Autor	Franz Josef Radermacher in Kooperation mit Global Contract Foundation, Global Marshall Plan Foundation, Club of Budapest, Club of Rome, Ökosoziales Forum Europa, Global Society Dialogue
Herausgeber	Ökosoziales Forum Europa Global Marshall Plan Foundation © September 2004 Ökosoziales Forum Europa, Wien
ISBN	3-9501869-2-1
Lektorat	Ernst Scheiber, Doris Hofbauer, Angelika Bacher
Übersetzung	Gudrun Gusel
Layout	Roland Wallner
Redaktion	Ernst Scheiber, Doris Hofbauer, Roland Wallner
Koordination	Helge Bork, Andrea von Lehmden, Markus Neuhoff, Maike Sippel, Sabine Stoeck, Sabine Grau
Vertrieb	Ökosoziales Forum Europa, Franz Josefs-Kai 13, A-1010 Wien, Telefon: +43(0)1-533 07 97, Fax: +43(0)1-533 07 97-90, E-Mail: info@oesfo.at
	Global-Marshall-Plan-Initiative, Rissener Landstrasse 193, D-22559 Hamburg, Telefon: +49(0)40-822 90 420, Fax: +49 (0)40-822 90 421, E-Mail: info@globalmarshallplan.org
	Herold Verlagsauslieferung und Logistik GmbH, Raiffeisenallee 10, D-82041 Oberhaching, Telefon: +49(0)89-613 871, Fax: +49(0)89-613 871-20, E-Mail: info@herold-va.de

Global Marshall Plan

Ein Planetary Contract

Für eine weltweite Ökosoziale Marktwirtschaft

Franz Josef Radermacher
Global-Marshall-Plan-Initiative

Inhaltsverzeichnis

In memoriam Robert Pestel

Diese Arbeit ist dem Andenken an Robert Pestel gewidmet, der am 18. April 2003 verstarb. Robert Pestel war ein unermüdlicher Kämpfer für eine bessere Zukunft. Indem er die Arbeit seines Vaters, Eduard Pestel, in der Tradition der Aufgaben und des Gedankenguts des Club of Rome weiterführte, beschäftigte er sich mit den globalen Problemen zur Sicherung einer besseren Zukunft für die ganze Welt und alle Menschen. Er verwendete Modelle der Systemtheorie, um ein besseres Gespür für die Dynamik von Entwicklungs- und Innovationsprozessen zu erreichen, und knüpfte intensive Netzwerke mit unzähligen Menschen rund um den gesamten Globus. Er verfolgte seine Visionen und zeichnete sich bis zum Schluss durch unglaubliche Energie und große Hartnäckigkeit aus.

In der Europäischen Kommission formte er das Bewusstsein der Nachhaltigkeit und deren ökonomische, soziale, kulturelle und ökologische Aspekte. Er erreichte auch die Zustimmung zu einem „global contract" und wusste um die Macht des Internet und anderer Kommunikationsnetzwerke. Er war ein Naturwissenschaftler, der den Rückpralleffekt berücksichtigte und sich ständig bemühte, für die Zivilgesellschaft eine wichtigere

Rolle hinsichtlich der Gestaltung der Zukunft der Erde zu gewinnen. Er sah in Information und offener Diskussion wesentliche Werte. Im Bereich der Kommunikation war er bereit, wissenschaftliche und formelle Argumentationstechniken ebenso
wie subsymbolische Ansätze einzusetzen – als Verweis auf
Gefühle und Reflexionen verschiedener Kunstformen.

Die vorliegende Arbeit ist durch seine Gedanken, Visionen und
seine Unterstützung inspiriert und geformt worden. Er war ein
guter Freund und Mitarbeiter, er veranlasste zahlreiche Projekte, er vollbrachte viel und kämpfte bis zu seinen letzten
Stunden, ehe er viel zu früh von uns genommen wurde. Er
war eine große Persönlichkeit. Wir vermissen ihn.

Europäische Kommission
Deutsche Gruppe des Club of Rome
Brüsseler Gruppe des Club of Rome
Mitarbeit beim „Second World Model" des Club of Rome
Mitglied im Beirat der Web-Site Deutschland.de

Seine Königliche Hoheit Prinz El Hassan bin Talal
Präsident des Club of Rome

Es ist eine Tatsache, dass fast die Hälfte der Weltbevölkerung unter extremer Armut leidet. Armut ist die größte Gefahr für Frieden und Stabilität in unserem „Global Village". Darüber hinaus verursacht der übermäßige Ressourcenverbrauch schwerwiegende Umweltprobleme und gefährdet den Lebensraum künftiger Generationen.

In Anbetracht dieser Probleme wurden mit der Vereinbarung der Millennium Development Declaration im Jahr 2000 international ehrgeizige Ziele vereinbart. Doch die konkreten Maßnahmen und Bemühungen, um die Spaltung zwischen Reich und Arm, zwischen Nord und Süd zu überwinden, haben sich bisher als inadäquat erwiesen.

Die Global-Marshall-Plan-Initiative strebt eine Weltordnung an, die auf Partnerschaft und Kooperation basiert. Diese Weltordnung sollte dazu führen, dass sowohl die natürlichen als auch die Humanressourcen optimal und zum Wohle aller genutzt werden. Die Global-Marshall-Plan-Initiative bietet daher ein umfassendes und realisierbares Konzept für eine weltweite sozioökonomische Entwicklung zur Überwindung der Armut. Darüber hinaus bietet sie Wege zur ökologischen Nachhaltigkeit – unter Berücksichtigung der Endlichkeit der natürlichen Rohstoffe und der Förderung ressourcen-effizienter Technologien und Lebensstile.

Ich unterstütze die Global-Marshall-Plan-Initiative, die aus dem Geiste des Club of Rome entstanden ist, von ganzem Herzen. Bereits im November 2003 konnte ich das Konzept des Global Marshall-Plans auf dem 3. Environmental Forum in Magdeburg, das von der UNEP und DaimlerChrylser organisiert wurde, präsentieren. Dort und auch anderswo konnte ich sehen, dass die Initiative den Puls der Zeit trifft und damit sehr schnell breite Unterstützung findet. Prof. Franz Josef Radermacher hat mit seinen energievollen und inspirierenden Aktivitäten bedeutend zur Verbreitung der Botschaft beigetragen.

Der Club of Rome und viele seiner einzelnen Mitglieder unterstützen die Global-Marshall-Plan-Initiative ebenfalls. Sie stimmt ganz mit unserer Philosophie überein und bietet eine realistische Perspektive für die fundamentalen Veränderungen, die heute notwendig sind. Ich hoffe sehr, dass dieses Buch seine Leser inspiriert, sich den Zielen der Global-Marshall-Plan-Initiative anzuschließen und damit zu einer nachhaltigen Zukunft für die Menschheit beiträgt.

El Hassan bin Talal von Jordanien gehört einer Vielzahl von internationalen Organisationen und Gremien an, einige davon hat er selbst gegründet oder initiiert. Unter anderem ist er Präsident des Club of Rome und Moderator der World Conference on Religions and Peace. Weiters gründete er 1981 das Arab Thought Forum und 2002 das Parlament der Kulturen. Seine Königliche Hoheit Prinz El Hassan bin Talal setzt sich vor allem für den Dialog zwischen den verschiedenen Kulturen und Religionen zur Förderung und Erhaltung des Friedens ein.

Vizekanzler a. D. Dipl.-Ing. Dr. h. c. Josef Riegler
Präsident des Ökosozialen Forums Europa

Die Initiative Global Marshall Plan für eine weltweite Ökosoziale Marktwirtschaft ist nach meinem Wissensstand und nach meiner Einschätzung jenes gesamthaft konzipierte und klug durchdachte Konzept, das die größten Chancen bietet, um die Menschheit in eine gute, nachhaltige und friedliche Zukunft zu führen. Gegenüber den landläufigen einseitig und kurzfristig angelegten „Rezepten" wird hier ein Weg aus der Sackgasse festgefahrener globaler Verhandlungen sowie der Spirale von Hass und Gewalt aufgezeigt.

Franz Josef Radermacher ist der maßgeblichste „geistige Vater" des in diesem Buch dargelegten Modells für eine zukunftsfähige Welt. Es gehört zu den besonderen Geschenken in meinem beruflichen und politischen Leben, dass sich unsere Wege gekreuzt haben.

Das Projekt Global Marshall Plan bietet in Verbindung mit dem ordnungspolitischen Modell der Ökosozialen Marktwirtschaft eine einzigartige Symbiose:

■ Durch eine völlig neue Form der Finanzierung – minimale Abgaben auf globale Kapitaltransfers und globalen Handel – können jene Mittel aufgebracht werden, um die hehren Ziele der weltweiten Staatengemeinschaft (Millennium-Runde) auch tatsächlich finanzieren zu können, ohne die staatlichen Budgets zusätzlich zu belasten oder den wirtschaftlichen Wettbewerb zu verzerren. Auch für die Konsumenten sind die vorgeschlagenen Finanzierungen praktisch nicht spürbar, weil die normalen Preisschwankungen ein Vielfaches betragen. Die Erfüllung notwendiger Voraussetzungen durch die Empfängerländer sowie die Mobilisierung des Erfahrungspotenzials der in der Entwicklungszusammenarbeit erfahrenen Organisationen unter Koordination der UNO lassen erwarten, dass die zu-

sätzlichen Finanzmittel den bestmöglichen Erfolg – nämlich menschenwürdige Lebensbedingungen für die gesamte Menschheit – bringen werden.

■ Der zweite strategische Ansatz des Global Marshall Plan
für eine weltweite Ökosoziale Marktwirtschaft unterscheidet unsere Initiative grundlegend von anderen Vorhaben:
Durch das Angebot einer fairen und partnerschaftlichen
Entwicklungszusammenarbeit soll es den Staaten der „Drit-
ten Welt" ermöglicht werden, der Einführung sozialer und
ökologischer Standards zuzustimmen, ohne Wettbewerbs-
nachteile befürchten zu müssen.

■ Weltweite Ökosoziale Marktwirtschaft bedeutet, dass in
allen wichtigen globalen Institutionen und Vertragswerken
(Welthandelsorganisation, Internationaler Währungsfonds,
Weltbank, Internationale Arbeitsorganisation, UNO-Um-
weltprogramm) die gleichen ökologischen, sozialen und
verfahrensmäßigen Standards – und zwar jeweils gleich
verpflichtend – eingeführt werden. Dadurch besteht die
Chance auf ein wirklich funktionsfähiges Konzept von Global Governance, und zwar unter Ausnützung jener Institutionen, die es bereits gibt.

Von ganzem Herzen danke ich Franz Josef Radermacher für
seine bahnbrechenden Initiativen. Möge dieses Buch dazu beitragen, möglichst viele positive Kräfte der Zivilgesellschaft für
dieses großartige Vorhaben zu mobilisieren.
Ich wünsche und hoffe, dass die EU dieses Projekt zu ihrem
eigenen Herzensanliegen macht und es in Zusammenarbeit
mit den Entwicklungsländern, mit den USA und mit den globalen Institutionen zum Erfolg führt – damit weltweit
Gerechtigkeit, Nachhaltigkeit und Frieden eine Chance
bekommen.

Josef Riegler begann seine politische Karriere im Jahr 1972, sein Schwerpunkt lag im Bereich der Land- und Forstwirtschaft. Er stand zahlreichen agrarpolitischen Organisationen vor. Im Jahr 1983 wurde er Mitglied des österreichischen Nationalrates, 1987 wurde er zum Bundesminister für Land- und Forstwirtschaft bestellt. 1989 wurde er zum Vizekanzler der Republik Österreich gewählt. Seit seiner Gründung ist Josef Riegler als Präsident des Ökosozialen Forums Europa tätig.

Uwe Möller
Generalsekretär des Club of Rome

Nichts ist so stark wie eine Idee, deren Zeit gekommen ist.

Victor Hugo

Die Idee des Global Marshall-Plans ist nicht neu. Sie wurde im letzten Jahrzehnt von Persönlichkeiten aus ganz unterschiedlichen Bereichen aufgegriffen: Franz Alt, Kofi Annan, Al Gore, Hans Küng, Susan George, Michail Gorbatschow, Seine Königliche Hoheit Prinz El Hassan bin Talal von Jordanien, George Soros, Lutz Wicke, Georg Winter und vielen anderen.

Am 16. Mai 2003 trafen sich Vertreter aus Politik, Nichtregierungsorganisationen und Unternehmen in Frankfurt und starteten die Global-Marshall-Plan-Initiative. Mit der wissenschaftlichen Koordination wurde Prof. DDr. Franz Josef Radermacher, mit der organisatorischen Koordination die Stiftung Weltvertrag beauftragt.

Das langfristige Ziel der Initiative ist eine weltweite Ökosoziale Marktwirtschaft. Ein wichtiger und sehr konkreter erster Schritt dazu ist die Umsetzung der UN Millennium Development Goals bis 2015 – dies als mittelfristiges Ziel. Die Initiative sieht in der Europäischen Union den strategisch wichtigsten Unterstützer ihres Konzepts innerhalb der internationalen Politik. Nahziel bis zum Winter 2004/2005 ist deshalb die Einrichtung eines Beratungsgremiums innerhalb der EU. Die in diesem Bericht dargestellte umfassende und durchdachte Strategie der Initiative und das Einbinden einer schnell wachsenden Zahl wichtiger Vertreter aus Politik, Zivilgesellschaft und Wirtschaft, darunter ebenso Vertreter von DaimlerChrysler als auch von Attac, machen das große Potenzial deutlich.

Der vorliegende Report spiegelt den Stand der bisherigen Überlegung zum konzeptionellen Design und der Strategie der Initiative wider. Begonnen in der Akademie Tutzing im November 2003, wurde dieser Bericht in einem integrativen Prozess erarbeitet, stets in enger Verbindung zur Arbeit des Redaktionsteams, namentlich Uwe Möller, Franz Josef Radermacher, Josef Riegler, Surjo Soekadar und Peter Spiegel, das parallel den Basistext der Initiative veröffentlicht. Bis heute sind mehr als 50 Stellungnahmen in den Bericht eingeflossen. Es ist beabsichtigt, diesen integrativen Prozess fortzusetzen.

Die Veröffentlichung des Reports ist der Startschuss für einen weltweiten Diskussionsprozess, um technische und organisatorische Elemente zu diskutieren. International sind alle gesellschaftlichen Gruppen herzlich dazu eingeladen. Viele Partner der Global-Marshall-Plan-Initiative haben bereits begonnen, Experten und Stakeholders zu ihren Foren einzuladen.

Mit diesem Diskussionsprozess soll das Konzept für einen Globalen Marshall-Plan weiterentwickelt und auf eine Breite gesellschaftliche Basis gestellt werden. Der Prozess kann auch online auf www.globalmarshallplan.org verfolgt werden, die Ergebnisse fließen in eine überarbeitete Veröffentlichung des gegenwärtigen Reports ein, mit der wir direkt an europäische Entscheidungsträger herantreten werden.

Geplante Agenda:

Winter 2004/2005:
Beginn einer Kampagne, adressiert an europäische Entscheidungsträger und das Europäische Parlament, die Europäische
Kommission und die nationalen Regierungen und Parlamente
mit dem Ziel, ein europäisches Beratungsgremium zu etablieren.

Sommer/Herbst 2005:
Das Beratungsgremium wird eingesetzt. Es bereitet einen
Bericht vor, wie die Europäische Union den Global Marshall
Plan fördern kann.

2006:
Ein weltweiter Konsens zur Umsetzung des Global Marshall-
Plans wird erreicht.

2007:
Der Global Marshall Plan wird zum Zeitpunkt von Rio+15 angenommen. International relevante Organisationen und Akteure
treffen Vorbereitungen zu seiner Umsetzung.

2008 bis 2015:
Umsetzungsphase: Politiker, Unternehmer, Vertreter der Zivilgesellschaft, von wissenschaftlichen und kulturellen Organisationen und Institutionen sind eingeladen, die Global-Marshall-
Plan-Initiative zu unterstützen und zu bereichern. Die Grund-
struktur der Initiative ist eine offene Matrix, basierend auf fach-
spezifischen Gruppen und sektorspezifischen Familien, national und international organisiert. Diese Struktur erlaubt die Einbindung und die sehr wirkungsvolle dezentrale Koordination
einer Vielzahl von Akteuren und ihren Aktivitäten. Einzelne
Teams arbeiten eigeninitiativ nach dem Prinzip der kleinen Ein-
heiten. Sie entwickeln gezielte Strategien und arbeiten unabhängig an deren Umsetzung, um so die Global-Marshall-Plan-
Initiative in ihrem Umfeld optimal zu verbreiten.

Die Stiftung Weltvertrag mit ihrem Vorsitzenden Frithjof Finkbeiner als organisatorischem Koordinator der Initiative hat ein Büro in Hamburg eingerichtet. Ein Team aus fünf jungen Menschen, unterstützt durch eine wechselnde Zahl von Praktikanten und Praktikantinnen, koordiniert die Aktivitäten. Interessierte und Partner der Initiative werden regelmäßig in wöchentlichen Info-E-Mails und monatlichen Newslettern über die Aktivitäten der Initiative informiert. Darüber hinaus gibt die Website www.globalmarshallplan.org die organisatorische Struktur der Initiative wieder, so dass der Besucher schnell zu dem entsprechenden Bereich auf der Webseite finden kann.

Was würde der kleine Mensch auf dem Coverbild tun, würde der große Felsen neben ihm aus dem Gleichgewicht geraten? Wenn ein „Hyper-System" wie die weltweite Wirtschaftsordnung in eine falsche und nicht nachhaltige Richtung steuert, kann ein Einzelner nicht viel tun. Aber er kann Allianzen bilden. Gemeinsam mit anderen engagierten Interessierten aus der Zivilgesellschaft, der Wissenschaft, der Politik und der Wirtschaft können wir eine Menge ausrichten. Die Global-Marshall-Plan-Initiative bietet viele Möglichkeiten für jeden von uns, sich und seine Stärken einzubringen. Fragen Sie sich, was Sie tun können?

■ Geben Sie uns Feedback und bringen Sie Ihre Ideen ein, um die Initiative zu verbessern.

■ Streuen Sie das Ihnen vorliegende Buch und die Flyer zur Initiative. Beides erhalten Sie direkt auf unserer Webseite. Empfehlen Sie anderen, ebenfalls ein Buch zu bestellen.

■ Verbreiten Sie die Idee innerhalb ihrer beruflichen und privaten Netzwerke. Gewinnen Sie ihre Freunde, Nachbarn, Klassenkameraden oder Kollegen als Mitarbeiter für die Initiative und helfen Sie uns, das globale Netz wachsen zu lassen.

Global Marshall Plan - Strategie, Struktur (Konzept)

Nationale Koordinatoren	

Strategie und Koordination	
	Inhalte
	Redaktionsteam
	Koordination
	PR Kommunikation
	...

Familien	
öffentlich	Europäische Kommission
	Europäisches Parlament
	Ministerrat
	Nationale Parlamente
	Politische "Global Players"
	Städte und lokale Autoritäten
	Regionale Politik
	...
privat	Landwirtschaft
	Unternehmernsverbände
	Handelskammer
	Global players
	Kleine und mittelständische Unternehmen
	Weltwirtschaftsforum
	...
bürgerlich	Autoren, Intellektuelle
	Katholische Kirche
	Herausgeforderte Menschen
	Macher und Förderer der Kultur
	Bildung und die akademische Welt
	ökologische Organisationen
	Geschlecht/Frauen
	Gesundheit
	Menschenrechtsgruppen
	Umsetzung
	Einheimische Menschen
	Recht
	Andere Kirchen / religiöse Gruppen
	Menschenfreundliche Organisationen
	Protestantische Kirche
	Wissenschaft und Technologie Gesellschaft
	Service Organisation (Rotary, Lions, ...)
	Soziale Bewegung
	Sport
	Studenten
	...
zwischenstaatlich	IMF
	UN
	UNCTAD
	UNDP
	UNEP
	UNESCO
	UNFCCC
	Welt Bank
	WTO
	...
Geschäftsstellen	Brüssel
	Genf

- Kontaktieren Sie Ihre Regierung. Rufen Sie an oder schreiben Sie den gewählten politischen Vertretern Ihrer Region, Ihres Landes, den politischen Vertretern Europas und weisen Sie sie auf die Idee des Global Marshall Plan hin.

- Informieren Sie die Presse. Wenn Sie themenrelevante Artikel finden, kontaktieren Sie die Journalisten und informieren Sie das Koordinationsbüro.

- Organisieren Sie Veranstaltungen, Vorträge oder Diskussionsforen, beispielsweise in Ihrer Gemeinde, in Schulen, an Universitäten oder auf Konferenzen.

- Werden Sie selbst zum Multiplikator in Ihrem Land oder in Ihrem Tätigkeitsfeld.

- Arbeiten Sie in einem der Teams mit.

- Unterstützen Sie uns bei Übersetzungen.

- Werben Sie finanzielle Mittel ein. Fundraising ist wichtig für das Überleben der Initiative, ebenso wie neue Unterstützer zu gewinnen und Bewusstsein zu schaffen.

- Unterstützen Sie uns mit einer Spende. Dazu können Sie unser Spenden-Tool auf der Webseite nutzen.

- Werden Sie Partner durch regelmäßige inhaltliche, finanzielle und ideelle Unterstützung.

- Nutzen Sie die Online-Foren und richten Sie einen Link auf Ihrer Webseite ein, die ein interessiertes Publikum zu uns führt.

Nur Ihre Kreativität setzt dem Handeln Grenzen. Je mehr Menschen vom Global Marshall Plan wissen, desto größer ist die Chance, dass das kurzfristige Ziel, ein EU-Beratungsgremium, und weitere Ziele erreicht werden. Bitte setzen Sie die

Global-Marshall-Plan-Initiative auf ihre persönliche Agenda. Lassen Sie mich mit Mahatma Gandhi sprechen: „You must be the change you wish to see in the world."

Uwe Möller wurde 1935 in Hamburg geboren. Von 1955 bis 1959 studierte er an der Universität zu Hamburg Ökonomie. Seit 1960 war er im Haus Rissen, einem internationalen Institut für Politik und Wirtschaft in Hamburg, beschäftigt. Von 1983 bis 1999 war er Direktor des Haus Rissen. Seit Januar 1999 ist er Generalsekretär des Club of Rome.

Dr. Maritta R. Bieberstein Koch-Weser

Der Weg ist das Ziel – und der Global Marshall Plan ist auf dem richtigen Weg. Dieses Buch reflektiert die Suche nach neuen Ansätzen, wahren Durchbrüchen und neuen gesellschaftlichen Organisationsmodellen, die diese ermöglichen könnten. Es ist das Dokument einer sich formierenden Bewegung, der Ausdruck eines Energieschubs in die einzige Richtung, die den Frieden auf der Welt mittelfristig wiederherstellen und langfristig besser bewahren könnte.

Die Welt ist zu ungerecht. Überlebenschancen und Zugang zu den Dingen, die das Leben menschenwürdig machen, sind denkbar ungleich verteilt, wie uns der Human Development Report der UNDP jedes Jahr aufs Neue dokumentiert. Zwei Milliarden Menschen leben unterhalb des so genannten Existenzminimums – ein Drittel der Menschheit. Etwa 30 Millionen Kinder sterben jährlich ehe sie fünf Jahre alt werden – einfach weil sie keinen Zugang zu sauberem Trinkwasser und hygienischem Umfeld haben. Nachhaltigkeit und Gerechtigkeit sind auf den Lippen und im Wunschdenken vieler. Allein, es fehlt die großflächige Umsetzung.

Der Verdienst dieses Buches ist die Suche nach Konzepten, neuen Instrumenten und konkreten Wegen, auf denen im 21. Jahrhundert eine massive Verbesserung möglich werden könnte. Und diese Suche beginnt nicht bei null. Im Gegenteil: Sie kann aufbauen auf Erfahrungen aus sechs Jahrzehnten. Die Welt hat Fortschritt und Entwicklungsansätze ausprobiert und gelernt. Es gibt ein Fundament erfolgreich erprobter technischer und sozialer Ansätze. Allein, es fehlen die Mittel, deren Einsatz großflächig zu replizieren, jenseits des Tropfens auf dem heißen Stein.

Die Chancen, dass ein Überwinden des Syndroms der ausgedörrten Entwicklungshilfe Gutes bewirken könnte, sind groß:

- Sozialunternehmer – Menschen und Organisationen – und auch viele Regierungen haben im Laufe der Jahrzehnte gelernt, wie man Fortschritt im Erziehungs- und Gesundheitswesen oder in der nachhaltigen Nutzung natürlicher Ressourcen erzielen und vorantreiben kann.

- Unternehmen sind teilweise in die Riege der Sozialunternehmer eingetreten – lokal und auch global, beispielsweise mit ihrer Unterstützung von Bildungskampagnen wie etwa Overcoming the Digital Divide oder Programmen zur Bekämpfung von HIV/Aids.

- Technologien in Energie, Wasser und sanitärer Infrastruktur sind billiger und smarter geworden – und sie ermöglichen dezentrale, lokale Muster des Fortschritts.

- Dank der Kommunikationsrevolution kann Bildung – neben Gesundheit das wichtigste Element in der Anhebung von Lebensstandards – herkömmliche Grenzen sprengen. Kinder in Slums und entlegenen ländlichen Gebieten können durch Zugang zum Dorf-Computer, zu Fernsehschirm und Videos in der Schule auch dort gut lernen, wo Lehrer rar und schlecht ausgebildet sind.

- Soziale Investitionen in Entwicklungsländern könnten sich zum Standardelement bei Investitionsfonds und Vermögensanlagen mausern. Es werden mittlerweile kompetente Anlageberatungen bei Sozialinvestitionen in Entwicklungsländern angeboten, etwa durch den Global Exchange for Social Investment, ACCESS, oder Global Giving.

Nichts wäre unrichtiger, als zu sagen, es gäbe keine „absorptive capacity", um einen Global Marshall Plan und die Millennium Development Goals der Vereinten Nationen umzusetzen. Würde der Global Marshall Plan zur Umsetzung kommen, so könnte er sich auf ein Netzwerk von Kompetenz und Erfahrung in seiner Umsetzung stützen.

Das Problem ist, dass es zwar das Richtige gibt, nur eben viel zu wenig davon. Wir müssen ambitionierter und weitaus ungeduldiger werden. Und hierbei spielt Geld eine unvermeidliche und essenzielle Rolle.

Wir müssen dahin kommen, dass Geld den Menschen und dem Frieden dient und nicht der Rüstungsindustrie. Jährlich werden 900 Milliarden US-Dollar für Verteidigung und weitere 300 Milliarden für landwirtschaftliche Fördergelder ausgegeben, die explizit negativ für Entwicklungsländer ausschlagen. Dem steht die seit Jahren stagnierende und sehr beschämende Summe von nur 50 Milliarden für weltweite Entwicklungshilfe gegenüber.

Was wir brauchen, sind systemische, großflächige und zeitlich ambitionierte Ansätze, die die Chancen für menschenwürdiges Leben gerechter verteilen. Möge dieses Buch Dringlichkeit vermitteln und viele Menschen dazu anregen, sich mit auf die Suche nach programmatischem Fortschritt zu machen.

Maritta R. Bieberstein Koch-Weser ist Gründerin und Vorsitzende der Organisation Earth3000, einer internationalen Non-Governmental-Organisation mit Sitz in Berlin. Von 1980 bis 1998 war sie bei der Weltbank beschäftigt, dort hatte sie die Verantwortung für die Entwicklung von Umwelt- und Sozialprogrammen. Vorher war sie Geschäftsführerin der IUCN – The World Conservation Union, dem weltweit größten Dachverband für Umweltorganisationen. Gegenwärtig ist sie Geschäftsführerin von Global Exchange for Social Investment (GEXSI), einem Netzwerk, das sich für die Förderung von sozialem Investment und die Mobilisierung finanzieller Ressourcen für Entwicklung einsetzt.

Jane Roberts
Initiatorin von 34 Million Friends

Ich wurde gebeten, einen Kommentar zur Global-Marshall-Plan-Initiative zu schreiben. Meine Perspektive unterscheidet sich ein wenig, da ich ein so genannter „grassroot" bin. Das bedeutet so viel wie: Jemand, der kein Experte ist, bemüht sich darum, mit Hilfe ganz normaler Bürger etwas zu bewegen.

Ich bin die Mitgründerin der Bewegung 34 Million Friends des United Nations Population Fund in den Vereinigten Staaten. Diese Initiative ist auf zwei Jahre angelegt. Unsere Regierung unter Präsident George W. Bush hat es abgelehnt, die 34 Millionen Dollar, die der Kongress der UNFPA jedes Jahr zugesagt hat, zu finanzieren. Lois Abraham und ich haben daraufhin begonnen, 34 Millionen Amerikaner zu bitten, je einen Dollar beizutragen. Die Ergebnisse sind erfolgversprechend, und die Initiative hat Gewicht.

Nachdem unsere erste Million Dollar gesammelt war, entschied die UNFPA, auch Europäer zum Mitmachen aufzufordern – nicht um den USA zu helfen, ihr Versäumnis nachzuholen, sondern um gewöhnlichen EU-Bürgern die Möglichkeit zu geben, auszudrücken, dass Themen wie das Leben von Frauen, Geburtenkontrolle und Familienplanung höchste Priorität für Regierungen haben sollten.

Am 7. Mai 2003 wurde eine Gala im Residenz-Palast in Brüssel veranstaltet. Am folgenden Abend sprach ich auf Einladung von Raoul Weiler vor dem Club of Rome. Durch diesen Umstand machte ich per E-Mail Bekanntschaft mit Franz Josef Radermacher. Ich wurde zu den Planungstreffen für den Global Marshall Plan eingeladen, konnte aber aufgrund früher festgelegter Vorträge in den USA nicht teilnehmen

Prof. Radermacher sandte mir sein Buch „Balance oder Zerstörung: Ökosoziale Marktwirtschaft als Schlüssel zu nachhaltiger Entwicklung". In Kapitel 18 befasst er sich mit der Anzahl der Menschen auf dieser Welt, der „Jugend-Berg" auf dem Planeten ist der Grund für das Anwachsen der Bevölkerung auf voraussichtlich acht Milliarden Menschen bis zum Jahr 2030. Ein Trend zu wachsender Urbanisierung, bei dem die Megastädte der Welt unfähig sind, mit ihrer Infrastruktur, Schulen, Kanalisation oder Transportwesen nachzukommen, ist als vielleicht unbezwingbares Langzeitproblem dargestellt. Er merkt an, dass möglicherweise die fehlende Unterstützung der USA für weltweite Bemühungen hinsichtlich der Bevölkerungspolitik und ihre religiöse Einstellung der humanen legalen Abtreibung als einer Möglichkeit, Armut zu überwinden und ein System der asymmetrischen Zugriffs auf die natürlichen Ressourcen zu stärken, im Weg stehen. Ich hatte bis dahin keine derart zynischen Gedanken, könnte nun aber beginnen, in diese Richtung zu denken.

Er nimmt das Thema später erneut auf und spricht über die Entscheidung der Bush-Administration, die Zahlungen an den United Nations Population Fund zu verweigern. „Reaktionäre religiöse Kräfte in den USA üben ihren Einfluss auf die Regierung aus und verursachen durch den Entzug finanzieller Unterstützung für Maßnahmen der Familienplanung und reproduktiven Gesundheit unglaubliches Elend Hunderttausender Frauen, Kinder und Familien auf der Welt. Das schließt den unnötigen Tod vieler ein." Wie wahr!

Meiner Meinung nach ist es so, dass, wenn sich die Welt um Frauen kümmert, sich die Frauen auch um die Welt kümmern. Die Welt schneidet bisher furchtbar schlecht ab. Bei der Weltbevölkerungskonferenz 1994 in Kairo wurde ein 20-Jahres-Aktionsprogramm angenommen, das vier Hauptbestandteile enthielt: universelle Bildung (zwei Drittel der Analphabeten weltweit sind Frauen), eine offene Zivilgesellschaft, in der alle gleich sind, Reduzierung der Kindersterblichkeit auf den niedrigst möglichen Wert und Verbreitung und Zugang zu Verhütung und Familienplanung. Abtreibung wurde nicht als Mittel der Familienplanung gewertet. Die Welt mag es nicht wahrhaben wollen, aber in armen Ländern werden 40 Abtreibungen pro Minute vorgenommen, da Familienplanung nicht möglich ist. Die Kosten, um diese Agenda umzusetzen, wurden auf 17 bis 21 Milliarden US-Dollar pro Jahr geschätzt, wobei die Zielländer zwei Drittel und die Geberländer ein Drittel davon tragen. Die Zielländer sind für 75 Prozent ihres Anteils aufgekommen, während die Geberländer weniger als die Hälfte des Versprochenen gegeben haben. Die USA rangieren dabei am Ende der Liste.

Abschließend möchte ich sagen, dass wir zuerst einmal den Beschluss von Kairo umsetzen sollten. Nichts kann die Wichtigkeit von Erziehung, Gesundheit und Gleichberechtigung von Frauen aufwiegen. Sie sind, so glaube ich, der Schlüssel zu nachhaltiger Entwicklung, zu einer stabilen Bevölkerungszahl und zu Gesundheit von Natur und Mensch. Es wurde niemals ernsthaft angestrebt, Frauen in alle Aspekte des Lebens einzubeziehen. Der Global Marshall Plan, wenn er die Frauen der Welt einbezieht, wird ein wundervoller Beitrag zur Welt und zu einem zivilisierten Dialog über die Zukunft der Menschen, des Planeten und künftiger Generationen sein. Ich weiß, dass Franz Josef Radermacher sich dieser Problematik genau so bewusst ist wie ich und dass er eine wundervolle Stimme für den Wandel ist.

Jane Roberts beschäftigt sich bereits seit 30 Jahren mit Themen wie Familienplanung, Geburtenkontrolle, Reproductive Health und der gesellschaftlichen Stellung der Frau. Als die amerikanische Regierung beschloss, die zugesagten Fördergelder dem United Nations Population Fund nicht bereit zu stellen, initiierte sie die Kampagne „34 million friends of UNFPA" (http://www. 34millionfriends.org).

Prof. Dr. Ram Adhar Mall
Gründungspräsident der Gesellschaft für
Interkulturelle Philosophie

Die Global-Marshall-Plan-Initiative für eine weltweite Ökosoziale Marktwirtschaft verfolgt das Ziel, Wirtschaft, Zivilgesellschaft und Politik für eine neue Ära der Zusammenarbeit zu
gewinnen, die globale Sicherheit, Frieden und Wohlstand für
alle Menschen schafft und für eine nachhaltige ökologische
Entwicklung sorgt. Dabei fühlt sich diese Initiative dem von
UN-Generalsekretär Kofi Annan initiierten „Manifest für den Dialog der Kulturen – Brücken in die Zukunft" für ein zukunftsfähiges globales Zusammenleben im neuen Jahrhundert verpflichtet. Sie basiert daher auf einem interkulturellen Humanis-
mus und einem Weltethos als moralischem Minimalkonsens,
der in der „Erdcharta" eine fruchtbare, die Nachhaltigkeit besonders einfordernde Ergänzung findet. Interkultureller Huma-
nismus, Weltethos und Erdcharta werden als Überlappungen
der verschiedenen Kulturen auch von der interkulturellen Philosophie kritisch begleitet und unterstützt.

Der junge Forschungszweig der interkulturellen Philosophie,
der mit der Globalisierung nach Beendigung des kalten Krieges zunehmend an Bedeutung gewinnt und an dem Philoso-
phen aus Europa, den USA, Lateinamerika, Indien, China, Ja-
pan und Afrika einschließlich der arabischen Länder beteiligt
sind, geht von der Wahrnehmung aus, dass die zunehmende
transkulturelle Verflechtung der Weltgemeinschaft in wissenschaftlicher, wirtschaftlicher, finanz-, verkehrs- und kommuni-
kationstechnischer Hinsicht im Kontrast zu dem Nebeneinander und oft Gegeneinander der gewachsenen gesellschaftlichen, politischen, religiösen und philosophischen Strukturen der
einzelnen Kulturen steht. Diesen Kontrast betrachtet die interkulturelle Philosophie als Herausforderung, so dass sie es sich
zur Aufgabe gemacht hat, das jeweilige historische Erbe der
einzelnen Kulturen aufzuarbeiten und den Dialog zwischen

den Kulturen unter dem Gesichtspunkt der Interkulturalität durch eine theoretische und praktische Grundlegung für die Begegnung der verschiedenen Kulturen, Religionen und Philosophien zu fördern. Die mit dem Dialog verbundene interkulturelle Verständigung sieht die interkulturelle Philosophie als einen philosophischen Beitrag zur Verfolgung der regulativen Idee von einem harmonischen Zusammenleben der Völker an, die in Huntingtons „Kampf der Kulturen" eine menschheitsbedrohende Alternative hat. Sie erweist sich dadurch als philosophische Vorläuferin des Manifestes „Brücken in die Zukunft".

Interkulturelle Philosophie ist der Name einer Einstellung, die sowohl Denkweg als auch Lebensweg sein will. Sie thematisiert die jeweils historisch gewachsenen Denk- und Gestaltungsformen, die verschiedenen Deutungs- und Verstehensmuster in deren kultureller Vielfalt. Dabei muss die interkulturelle Kommunikation von der Haltung getragen werden, dass die „Wahrheit" keinem philosophischen System, weder intrakulturell noch interkulturell, allein gehört. Die interkulturelle Philosophie weist daher auch die Verabsolutierungstendenzen jeder Metaphysik, Religion, Kultur, politischer Weltanschauung, Logik oder Ethik zurück. Dadurch versucht sie, dem Wahrheitsfanatismus fundamentalistischer Strömungen, die in vielerlei Masken auch als Wirtschaftsfundamentalismus, auftreten können und die stets mit einem absoluten Wahrheitsanspruch verbunden sind, durch eine erkenntnistheoretische, methodologische, metaphysische, ethisch-moralische und auch religionsphilosophische Bescheidenheit im Umgang mit den traditionsgebundenen Weltanschauungen entgegenzutreten. Die interkulturelle Philosophie wendet sich insbesondere auch gegen jede reduktive Hermeneutik, die das Fremde nicht als etwas Selbständiges zu Wort kommen lässt, sondern es entweder den eigenen Verstehensmustern anpasst und dadurch verändert oder gar beherrscht, ehe sie es zu verstehen versucht. Vielmehr konzentriert sie sich auf den symmetrischen Anspruch von „Verstehenwollen und Verstandenwerdenwollen". Zu den Aufgaben einer Philosophie im Vergleich der Kulturen gehört es, die Ethiken der verschiedenen Kulturen einschließlich ihrer Argumentationsmuster, die Ethosformen und die gelebten Moralvorstellungen in einem Dialog der Kulturen im Hinblick auf Gemeinsamkeiten und Unterschiede zu untersuchen und die Gemeinsamkeiten, die so genannten Überlappungen, gegebenenfalls zu fördern, und zwar mit dem auch im Manifest „Brücken in die Zukunft" formulierten Fernziel, dass der moralische Anspruch eines guten Zusammenlebens der unterschiedlichen Kulturen in Zukunft eine Realisierungschance erhält.

Zum Aufarbeiten des jeweiligen historischen Erbes der einzelnen Kulturen gehört neben der Klärung der Auffassungen von den Beziehungen zwischen den Menschen im besonderen Maße auch die Klärung der Auffassungen vom Verhältnis des Menschen zur Natur oder zum Kosmos. Dem modernen Menschen gefällt die griechische, chinesische, indische oder indianische Verbundenheit mit dem Kosmos nicht, weil sie sowohl die Menschen als auch die Geschichte dem ewigen Lauf des Entstehens und Vergehens unterstellt. Die wissenschaftlich-technische Beherrschung der Natur, die in einem anthropozentrischen Interessenswahn zu wenig Rücksicht auf die Interessen der Lebensvielfalt nimmt, ließ den modernen Menschen vergessen, dass die Welt der großen Natur ohne uns denkbar ist, aber nicht die Welt des Menschen ohne die der Natur. Die Auswirkungen der anthropozentrischen Rücksichtslosigkeit schlagen in Form einer Gefährdung des Weltklimas, im Verlust der Artenvielfalt und in Form von anderen Bedrohungen des komplexen ökologischen Gleichgewichts auf den Menschen zurück. Die interkulturelle Philosophie lehnt – mit großem Respekt vor den Erfolgen der Naturwissenschaften und der Technik, aber mit ebenso großem Respekt vor den Weisheiten in den verschiedenen Kulturen – eine Naturbeherrschung in Form von Ausbeutung und Plünderung zu Lasten zukünftiger Menschheitsgenerationen, aber auch zu Lasten der nichtmenschlichen Mitwelt als anthropozentrische Verirrung ab. Die Weisheiten der Philosophien der Kulturen der Welt könnten zu einem Ausweg aus der Problemlage beitragen, indem sie den Menschen mahnen, die oft dominierenden Ego-Zentrismen und Ethno-Zentrismen, aber auch die Anthropo-Zentrismen zu überwinden und das Eingebettet-Sein des Menschen in die Natur zu begreifen. Nicht ein plumpes „Zurück zur Natur" und nicht ein alleiniges „Zurück zur Kultur", sondern ein „Zurück zur Natur über den Umweg der Kultur", verbunden mit der Einsicht in die unaufhebbare Schicksalsgemeinschaft aller Wesen in dem einen großen Haushalt der kosmischen Natur, könnte zu einem zukunftsfähigen Zusammenleben auf unserem gemeinsamen Heimatplaneten Erde führen.

Die Global-Marshall-Plan-Initiative versucht, die mächtigen Gestaltungskräfte der Globalisierung, nämlich die Finanzwelt, die Wirtschaft und die Politik, für solch ein zukunftsfähiges Zusammenleben – orientiert an globaler Gerechtigkeit, an Nachhaltigkeit und an Frieden – mit friedlichen Mitteln zu gewinnen. Die Orientierung an einer globalen Gerechtigkeit kann zur Überwindung von Hunger, Armut und Krankheiten führen und die Grundlagen für ein sinnerfülltes Leben in kultureller Vielfalt legen. Die Orientierung an der Nachhaltigkeit zeigt sich auch für künftige Generationen verantwortlich und strebt ein harmonisches Leben im Einklang mit der Natur an. Die Verwirklichung von Gerechtigkeit und Nachhaltigkeit könnte nach dem brutalsten Jahrhundert der Menschheitsgeschichte, das zu oft auf gewalttätiger Menschen- und Naturbeherrschung beruhte, im neuen – bislang nicht weniger brutalen Jahrhundert – auch die Wahrscheinlichkeit für einen Frieden mit friedlichen Mitteln in und mit der Natur erhöhen. Die Global-Marshall-Plan-Initiative verdient daher unsere Unterstützung.

Prof. Ram Adhar Mall absolvierte an der Wirtschaftsuniversität von Kalkutta Studien in Psychologie, Philosophie, Sanskrit und Englisch. 1963 promovierte er an den Universitäten zu Göttingen und Köln. Im Anschluss kehrte er zurück nach Indien, wo er einen Lehrauftrag an der Jadavpur University in Kalkutta erhielt. Seit 1991 ist Prof. Mall Präsident der Gesellschaft für Interkulturelle Philosophie. Seit 1998 ist er Professor für Philosophie an der Ludwig-Maximilians-Universität in München.

Global Marshall Plan

Ein Planetary Contract

Für eine weltweite
Ökosoziale Marktwirtschaft

Franz Josef Radermacher

Bericht an die Global-Marshall-Plan-Initiative

Abstract

Der vorliegende Text beschäftigt sich mit Überlegungen zu einem Globalen Marshall-Plan, verstanden als Planetary Contract, das heißt als Antwort auf die schwierige weltpolitische Situation zu Beginn des neuen Jahrhunderts. Dieser Contract wird als Schritt hin zu einer weltweiten Ökosozialen Marktwirtschaft gesehen, die von den Unterzeichnern als attraktive und mit der Vorstellung einer nachhaltigen Entwicklung kompatible Win-Win-Alternative zu weitgehend unregulierten Globalisierungsprozessen gesehen wird.

Als konkrete Umsetzungsziele der Initiative werden die UN Millennium Development Goals bis zum Jahr 2015 zugrunde gelegt, deren Verwirklichung heute als eher unwahrscheinlich anzusehen ist, falls nicht entscheidende Anstrengungen seitens der Weltgemeinschaft unternommen werden. Zur Erreichung der Ziele werden internationale Vereinbarungen benötigt, die unter anderem weitere Marktöffnungen der entwickelten Länder sowie bereits identifizierte zusätzliche Finanzvolumina für die Entwicklungszusammenarbeit erfordern werden. Diese sind geeignet, über neue Formen der internationalen Zusammenarbeit in die Förderung internationaler Entwicklung, die Überwindung von Armut und Not, die Förderung von kulturellem Ausgleich und den Schutz der Umwelt zu investieren. Dies erfordert insbesondere eine stärkere Einbindung von NGOs und Vertretern der Weltzivilgesellschaft in diesen Prozess, als das heute der Fall ist. Die Verknüpfung der Kernstandards der International Labour Organization (ILO) und der großen Umweltverträge mit dem WTO-Regime wird als weltökonomischer Rahmen für entsprechende Förderprogramme vorgeschlagen. Sie würde einen entscheidenden Schritt hin zu einer weltweiten Ökosozialen Marktwirtschaft bedeuten.

Der Text entwickelt zugleich Zielvorstellungen zur Vorgehensweise, einen Zeitplan und insbesondere auch Vorschläge für die Aufbringung der Mittel, die im Zeitraum 2008 bis 2015 jährlich durchschnittlich bei etwa 105 Milliarden US-Dollar an zusätzlichen internationalen Investitionen in die Förderung von Entwicklung liegen sollten.

Völker der Vereinten Nationen,

Ihre Organisation, der zu dienen ich die Ehre habe, hat dieses Jahr eines der schwierigsten Jahre in ihrer Geschichte durchlebt. Wir wurden Zeugen eines Krieges im Irak und haben erlebt, wie tief die schwerwiegenden Fragen von Krieg und Frieden die Nationen gespalten haben. Am 19. August fielen einige unserer besten und liebenswertesten Kollegen einem Bombenangriff auf unser Hauptquartier in Bagdad zum Opfer.

Diese Ereignisse haben die politischen Führer der Welt davon abgelenkt, sich mit anderen Bedrohungen auseinander zu setzen – Bedrohungen, die für die meisten Menschen noch unmittelbarer und realer sind. Ich meine damit die extreme Armut und den Hunger, verschmutztes Trinkwasser, die Zerstörung der Umwelt und endemische oder ansteckende Krankheiten. Diese Gefahren lauern auf weiten Teilen unseres Planeten. Sie töten Jahr für Jahr Millionen von Menschen. Sie zerstören Gesellschaften. Sie säen Zwietracht und Verzweiflung.

Nach einem Jahr des Krieges und der Spaltung ist es an der Zeit, unsere Energien mehr auf die Gesundheit und das Wohlergehen der Menschen zu richten. Es ist an der Zeit, dafür zu sorgen, dass die armen Länder echte Entwicklungschancen haben. Es ist an der Zeit, entschlossene Maßnahmen zur Rettung der Ressourcen unseres Planeten zu ergreifen.

Ja, wir müssen den Terrorismus bekämpfen. Ja, wir müssen die Verbreitung mörderischer Waffen verhindern. Aber wir wollen auch Ja zur Entwicklung sagen. Wir wollen Hoff-

Kofi Anan
Neujahrsbot-
schaft 2004
des UN-
General-
sekretärs
[5]

nung in das Leben derer tragen, die leiden. Ohne Entwicklung und ohne Hoffnung wird es keinen Frieden geben.
Vor etwas mehr als drei Jahren gelobten die Führer aller
Nationen auf dem Millenniums-Gipfel, diese Hoffnung zu
nähren. Sie setzten sich genaue, an Termine gebundene
Ziele – die Millenniums-Entwicklungsziele. Die Verwirklichung dieser Ziele würde nur einen Bruchteil von dem
kosten, was die Welt für Kriegswaffen ausgibt. Doch sie
würde Milliarden von Menschen Hoffnung bringen und
uns allen größere Sicherheit verschaffen.

2003 haben wir uns nicht an diese Versprechen gehalten.
Wir ließen uns von der Flutwelle des Krieges und der Spaltung hinwegspülen. 2004 muss es anders werden. In
diesem Jahr müssen wir beginnen, eine Gezeitenwende
herbeizuführen.

Wir können eine Umkehr im Kampf gegen HIV/Aids erreichen, wenn wir entsprechend der Initiative der Weltgesund-
heitsorganisation dafür sorgen, dass bis zum Jahr 2005
drei Millionen Menschen eine antiretrovirale Behandlung
erhalten. Dies ist ein ehrgeiziges Ziel, das sich jedoch verwirklichen lässt, wenn sich die reichen Länder, die armen
und betroffenen Länder, die Regierungen, die Zivilgesellschaft, der Privatsektor und das System der Vereinten
Nationen zusammentun und wenn der Globale Fonds zur
Bekämpfung von Aids, Tuberkulose und Malaria voll mit
den vorgesehenen Mitteln ausgestattet wird.

Wir können eine Umkehr im Kampf gegen den Hunger
herbeiführen, wenn wir mit vereinten Kräften darangehen,
die vorhandenen Nahrungsmittelvorräte an hungernde
Menschen auf der ganzen Welt zu verteilen und Afrika
dabei zu helfen, die zusätzlichen Nahrungsmittel zu produzieren, die es benötigt.

Wir können eine Umkehr im Welthandel herbeiführen, wenn die Regierungen ihren Zusagen nachkommen und die gegenwärtige Verhandlungsrunde zu einer echten „Entwicklungsrunde" machen.

Wir brauchen keine weiteren Versprechen. Wir müssen anfangen, die Versprechen einzuhalten, die wir bereits abgegeben haben.

Einleitung/Zusammenfassung

Die Welt befindet sich in Folge der raschen Globalisierung in einer schwierigen Lage. Die am Anfang dieses Buches wiedergegebene Neujahrsansprache von UN-Generalsekretär Kofi Annan [5] macht die damit verbundene Problematik und die bestehenden Herausforderungen deutlich. Zwar ist weltweit eine hohe Wachstumsdynamik zu beobachten, zwar finden Innovationen in einem Tempo statt wie nie zuvor, doch beobachtet man zugleich auch eine zunehmend unhaltbare Lage – sowohl in Bezug auf die Umweltsituation als auch im Hinblick auf Armut und Verteilungsfragen sowie schließlich bezüglich des Ausgleichs zwischen den Kulturen. Vor diesem Hintergrund hat im Sommer 2003 eine Gruppe von 16 Nicht-Regierungs-Organisationen als Bewegung für Weltfrieden, Nachhaltigkeit und Gerechtigkeit (www.initiative-weltfrieden.org) die Initiative „Global Marshall Plan/Planetary Contract" gestartet, die auf eine Veränderung dieser ungünstigen Situation abzielt [70]. Der Autor ist in diesen Prozess wesentlich involviert.

Der vorliegende Text stellt einen Bericht an die Initiative Global Marshall Plan/Planetary Contract dar und macht vielfältige Überlegungen und Materialien breit verfügbar. Er konnte in dieser Form nur entstehen, weil viele Beteiligte mit Anregungen und konkreten Hinweisen geholfen haben. Der Text hat in dieser Hinsicht teilweise den Charakter eines Gruppenwerkes. Die Danksagung am Ende des Dokuments weist auf zahlreiche Personen hin, die wesentlich zur Entstehung dieses Werkes beigetragen haben. Dies wird komplementiert durch die systematische Unterstützung durch das Team des Koordinationsbüros der Global Contract Foundation in Hamburg (http://www.weltvertrag.org), das die Aktivitäten der Initiative Global Marshall Plan koordiniert (www.globalmarshallplan.org). Der Autor beabsichtigt in diesem Kontext, auch weiterhin alle Rückmeldungen zu diesem Text zu studieren und gegebenenfalls in die nächste Überarbeitung dieses Buchtextes zu integrieren, sofern der Druck einer weiteren Ausgabe ansteht.

Die Überlegungen in diesem Text sind unter anderem inspiriert durch das von Kofi Annan initiierte Dokument „Brücken in die Zukunft – ein Manifest für den Dialog der Kulturen" [3], Michail Gorbatschows „Manifest für die Erde" [34], Al Gores „Wege zum Gleichgewicht – Ein Marshallplan für die Erde" [35], Hans Küngs „Weltethos" [62], den von Helmut Schmidt herausgegebenen Text zum Thema „Menschenpflichten" [100] sowie durch die Erdcharta [117]. Sie knüpft zugleich an eine engagierte Initiative für einen ökologischen Marshall-Plan an, die durch Vordenker wie Franz Alt, Carlhanns Damm, Wolfgang Engelhardt, Joschka Fischer, Maximilian Gege, Jo Leinen, Eva Quistorp, Wolfgang Rauls und Lutz Wicke 1997 propagiert wurde und die etwa 750.000 Unterschriften für die vorgelegten Pläne sammeln konnte [2]. Alle aufgeführten weitreichenden Überlegungen und Positionen beinhalten zentrale Orientierungspunkte und Ordnungsprinzipien für die Ausrichtung der Initiative für einen Global Marshall Plan/Planetary Contract. Bezüglich der konkreten inhaltlichen Ausgestaltung eines Global Marshall-Plans, wie sie im Weiteren entwickelt wird (Orientierung an dem Fernziel einer weltweiten Ökosozialen Marktwirtschaft im Sinne von Josef Riegler, Integration existierender globaler Regime als Global-Governance-Ansatz, neue internationale Finanzierungsinstrumente und Umsetzungsmechanismen), wird unmittelbar an die Überlegungen in [87] zu einem Global Marshall Plan angeknüpft.

Ziel der Global-Marshall-Plan-Initiative ist es, dass sich Europa an die Spitze einer weltweiten Bewegung für einen Ökosozialen Global Marshall Plan setzt, sich mit der Ausarbeitung eines Konzeptes zur Implementierung und Finanzierung eines solchen Planes beschäftigt und dieses als offizielle Position Europas auf allen zukünftigen Weltgipfeln vertritt.

Erklärtes Zwischenziel ist die Einberufung eines Beratungsgremiums (Advisory Board) der Europäischen Union, in dem Personen aus allen gesellschaftlichen Bereichen und

aus allen Teilen der Welt an der Erstellung eines einheit-
lichen europäischen Vorschlags zu diesem Thema arbeiten.

Bei dem hier diskutierten Plan geht es darum, die mittlerweile
globalisierte Ökonomie mit einem adäquaten weltweiten Ordnungsrahmen auszustatten, der Ziele wie Weltfrieden, Gerechtigkeit und Nachhaltigkeit fördert. Bezüglich einer Operationa-
lisierung der Nachhaltigkeitsforderung sei auf eine Analyse
[127] einer von der UN Commission on Sustainable Development eingesetzten Arbeitsgruppe verwiesen, die sich mit Fragen
der Generationengerechtigkeit von Arbeiten entsprechender
Jugendorganisationen [113, 114, 144] auseinander setzt. Die
Förderung der genannten Ziele, zu denen auch die Herstellung
von Transparenz [122] und die klare Zuordnung von Verantwortung gehören, steht heute bedauerlicherweise und trotz vieler
anders lautender Erklärungen nicht im Vordergrund des Markt-
geschehens, das Gegenteil ist der Fall. Die offensichtlich werdenden Defizite und daraus folgende Bedrohungen haben übrigens mittlerweile führende Unternehmen unter Begriffen wie
„Excellence" oder „Leadership in Sustainability" und „Corporate
Social Governance" zu einem weitreichenden Engagement bewegt. Genannt seien auf internationaler Ebene der von Kofi
Annan induzierte „Global Compact" (http://www.un.org/News/
Press/docs/1999/19990201.sgsm6881.html), der World Business Council on Sustainable Development (www.wbcsd.org)
oder in Deutschland econsense (www.econsense.de). Für den
Bereich Corporate Social Responsibility sei verwiesen auf http://
www.takingitglobal.org/themes/csr/.

Die langfristige Perspektive, die hinter der Idee steht, ist eine
weltweite Ökosoziale Weltmarktwirtschaft [87, 93], die Märkte
und Wettbewerb mit hohen Standards zum Wohle aller Menschen verknüpft. Schlüssel für einen Konsens zur Durchsetzung solcher Standards, zugleich auch Schlüssel zur Überwindung der weltweiten Armut sind weitere Marktöffnungen sowie

Co-Finanzierungsmaßnahmen der reichen Länder zugunsten der sich entwickelnden Länder mit dem Ziel der Herbeiführung geeigneter weltweiter Ordnungsbedingungen. Auf Seiten der sich entwickelnden Länder erfordert dies im Gegenzug die Bereitschaft, entsprechende Standards umzusetzen, obwohl dadurch teilweise Wettbewerbsvorteile aufgegeben werden. Das entspricht der Logik der EU-Erweiterungsprozesse, der Logik des Marshallplans der USA für Europa nach dem Zweiten Weltkrieg und den zentralen Forderungen der sich entwickelnden Länder auf allen Weltgipfeln der letzten Jahrzehnte (Idee eines Planetary Contract) [4, 20, 21, 22, 23, 30, 31, 32, 33, 82, 87, 93, 94, 124].

Ein entsprechender Vertrag für die ganze Welt ist heute dringlich und überfällig, vor allem angesichts der Ereignisse vom 11. 09. 2001, aktueller neo-imperialer Politikmuster, der jüngsten Verwerfungen an den Welt-Finanzmärkten, des Zusammenbruchs der New Economy, der zunehmenden weltweiten Umweltprobleme und des immer deutlicher werdenden explosiven Zusammenstoßes von extremen Vertretern verschiedener Kulturen als Folge einer unzureichend regulierten Globalisierung der Ökonomie. Nahziel der Global-Marshall-Plan-Initiative ist es, dass die Europäische Union im Jahre 2004 ein Advisory Board einsetzt, um eine entsprechende EU-Position als Zukunftsvision für zukünftige Weltgipfel zu entwickeln. Eine derartige Zukunftsvision ist mit dem Rio- und Johannesburg-Nachfolgeprozess, der Agenda 21 und der europäischen Nachhaltigkeitsstrategie geeignet zu verknüpfen.

> Nahziel der Initiative Global Marshall Plan/planetary contract ist es, dass die EU ein Advisory Board einsetzt, um eine entsprechende EU-Position als Zukunftsvision Europas für den Globus für künftige Weltgipfel zu entwickeln.

Ein Global Marshall Plan/Planetary Contract wird als Zwischenschritt hin zur Etablierung einer weltweiten Ökosozialen Marktwirtschaft gesehen. Die United Nations Millennium Develop-

ment Goals (http://www.un.org/millenniumgoals/), die international breit abgestimmt sind, stellen das aktuell verfolgte materielle Umsetzungsziel der Initiative bis zum Jahr 2015 dar. Die
Aussagen des wichtigen jüngsten ILO-Reports zur sozialen Dimension der Globalisierung [47] sind in die Überlegungen eingeflossen, ebenso die EU-Nachhaltigkeitsstrategie, die UN-
Nachfolgeaktivitäten zu WSSD (Word Summit on Sustainable
Development) in Johannesburg 2002 und zu WSIS (World
Summit on the Information Society) in Genf 2003. Aktiv beobachtet wird zugleich der für 2005 anstehende Review Prozess in Zusammenhang mit den UN Millennium Development
Goals.

Der Deutsche Bundestag hat sich als erstes Parlament ausführlich mit den Herausforderungen der Globalisierung für die
Politik befasst: Die Enquete-Kommission „Globalisierung der
Weltwirtschaft – Herausforderungen und Antworten" hat in
ihrem Abschlussbericht (Bundestagsdrucksache 14/9200) die
Ergebnisse internationaler Konferenzen und Kommissionen,
Vereinbarungen und wissenschaftstheoretische Ansätze aufgegriffen. Sie hat dem Parlament 200 Handlungsempfehlungen
für die Gestaltung der Globalisierung gegeben, von denen einige schon Parlamentsbeschluss geworden sind: Bekämpfung
von Geldwäsche und Korruption, Integration von Umwelt- und
Sozialstandards sowie des Vorsorgeprinzips in das Regelwerk
der WTO, Lösung der Entschuldungsfrage. Weiters werden
Empfehlungen zur Herstelllung von Geschlechtergerechtigkeit,
zur Bekämpfung der Armut, zur Errichtung einer neuen Wett-
bewerbsordnung, zur Etablierung einer internationalen Insol-
venzordnung und zur stärkeren Beteiligung der Zivilgesellschaft
sowie der Parlamente an der politischen Gestaltung ausgesprochen.

Vorsitzender der Enquete war übrigens Prof. Ernst Ulrich von
Weizsäcker, MdB und Mitglied des Club of Rome, als Kuratori-
umsmitglied der Stiftung Weltvertrag und der Initiative Global
Marshall Plan auf das Engste verbunden.

Hinsichtlich der Finanzierungsnotwendigkeiten werden Analysen der Vereinten Nationen (Zedillo-Report, http://www.un.org/reports/ financing/full_report.pdf), die sehr weit ausformulierte europäische Position des britischen Schatzkanzlers Gordon Brown für den Weltgipfel Rio+10 im Jahr 2002 in Johannesburg [12] (www.globalpolicy.org/socecon/ffd/2002/1216brown. htm) sowie die Fortentwicklung dieser Position aus 2004 [13], Untersuchungen verschiedener UN-Unterorganisationen sowie Analysen von George Soros in seinem Bemühen um eine offene Gesellschaft (Open Society Initiatives, G. Soros, http://www. soros.org) zugrunde gelegt [4, 20, 26, 27, 55, 66, 104, 105, 106, 107, 109, 118, 123, 124, 125, 126, 128]. Die Bereitstellung zusätzlicher Finanzierungsmittel sollte mit weiteren, mit Nachhaltigkeit verträglichen Marktöffnungen der reichen Länder für die übrige Welt, vor allem die ärmsten Länder, einhergehen.

Aufgrund der genannten Untersuchungen sind über den heutigen Umfang an internationaler Entwicklungshilfe hinaus bis zum Jahr 2015 etwa 980 Milliarden US-Dollar an zusätzlicher Hilfe nötig, die – wie im Weiteren noch dargestellt wird – deutlich anderen Mechanismen als bisher folgend eingesetzt werden müssten. Die konkrete Umsetzung ist dabei eine noch größere Herausforderung als das Aufbringen der Mittel. Auf Grund bereits erfolgter Zusagen von Geberländern, die schon ab 2006 gültig sind, reduziert sich der zusätzlich erforderliche Betrag auf etwa 860 Milliarden US-Dollar. Unter geeigneten Ordnungsbedingungen und auf kooperationsbereite, sich entwickelnde Länder konzentriert, könnten diese Mittel ab 2008 pro Jahr beispielsweise folgendermaßen aufgebracht werden:

1) Sonderziehungsrechte des Internationalen Währungsfonds von zunächst 30, dann 40 Milliarden US-Dollar zugunsten der sich entwickelnden Länder.

2) Eine weltweite Abgabe auf Finanztransaktionen (Tobin-Abgabe) in Höhe von vorerst 0,01 % und später 0,02 %

des gehandelten Wertes. Davon werden jährlich zunächst 30, dann 40 Milliarden US-Dollar Finanzbeitrag erwartet.

3) Eine Welthandelsabgabe (Terra-Abgabe) von 0,35 % und dann 0,5 % des grenzüberschreitenden Warenwertes im Rahmen der WTO. Hiervon werden zunächst 30 Milliarden, dann 40 Milliarden US-Dollar pro Jahr erwartet.

Alternative, aber in einer kurzfristigen Betrachtung vielleicht weniger praktikable und damit weniger konsensfähige Ansätze sind:

4) direkte staatliche Transfers (vom Effekt her lässt sich dies zumindest teilweise analog über die bereits als Punkt 1 genannten Sonderziehungsrechte steuern),

5) Belastungen auf Ressourcenverbrauch und das soziale Gefüge belastende Aktivitäten sowie

6) ein fairer Handel von Ressourcenzugriffs- und Verschmutzungsrechten.

Alternative Ansätze zielen auf geeignete Fonds, Anleihen etc. Schließlich sei auf den Ansatz einer International Finance Facility [13] hingewiesen, wie sie von Gordon Brown, dem britischen Schatzkanzler, vorgeschlagen und in der Folge international aufgegriffen wurde.

Eine Argumentation für Punkt 4, wie er z. B. innerhalb der EU verfolgt wird, ist die Vermeidung besonderer Belastungen solcher Wertschöpfungsprozesse, die eng mit Welthandel und Globalisierung verbunden sind. George Soros weist allerdings als Kenner der Weltfinanzmärkte in [109] sehr überzeugend darauf hin, dass gerade in diesem Bereich auch neue, in Hinblick auf die Zugriffsmöglichkeiten sehr asymmetrisch verteilte Wertschöpfungspotenziale entstanden sind, weshalb man gerade dort mit guter Begründung ansetzen könnte.

Bezüglich einer Tobin-Abgabe [24, 120] ist zu beachten, dass die üblichen Argumente gegen eine solche Abgabe in diesem Kontext nicht zutreffen [8, 138]. Es wird nicht (primär) die Zielvorstellung verfolgt, mit einer solchen Abgabe Spekulationen an Finanzmärkten geeignet zu behindern oder zu bestrafen, vielmehr geht es um die Aufbringung von Mitteln zur Förderung weltweiter Entwicklung. Gleichzeitig wird kein europäisches Vorpreschen angestrebt, vielmehr wird eine weltweite Implementierung verfolgt. Die entwickelten Länder haben dabei, wenn sie sich einig sind, kein Problem, auch Offshore-Bankplätze über rein ökonomische Mechanismen in eine solche Lösung zu zwingen. Schritte hin zu einer stärkeren Kontrolle und Rechenschaftspflicht solcher Bankplätze sind international in Vorbereitung (wenn auch aus anderen Gründen) und seit langem überfällig. Dennoch erfordert dieser Punkt eine weitere inhaltliche Analyse.

Wenn in dem vorliegenden Text, der nur einen ersten Input von weiteren umfassenden Überlegungen der einzuberufenden Gremien darstellt, vor allem die Finanzierungsmechanismen 1 bis 3 favorisiert werden, hat das rein pragmatische Gründe, zumal ihre Durchsetzbarkeit innerhalb vergleichsweise kurzer Zeiträume möglich scheint. Dabei kann mit 1 ein ähnlicher Effekt wie mit 4 erreicht werden, 3 bewirkt zumindest in einem gewissen Umfang ähnliche Effekte wie 5. Der in Punkt 6 thematisierte Ansatz sollte schließlich nach 2012 als Fortführung der Vereinbarungen zum Kyoto-Vertrag z. B. in Form eines markt- und anreizorientierten globalen Klima-Zertifikat-Systems [87, 136, 137] eine Rolle spielen und gegebenenfalls mit einem Global Marshall Plan/planetary contract verknüpft werden.

Mindestens genau so wichtig wie die Aufbringung der Mittel für Co-Finanzierungsmaßnahmen und weitere Marktöffnungen der reichen Länder sind neue Formen der Umsetzung [14, 17, 109, 145]. Das Programm könnte sich für solche neue Ansätze u. a. der Weltbank und des United Nations Development Program bedienen und mit der UNEP, der UNESCO und dem United Nations Bevölkerungsprogramm (UNFPA) kooperieren. Diese

Partner sollten sich ihrerseits stärker als bisher auf lokale Initiativen und NGOs stützen, kleine und mittlere Unternehmen, angepasste Technologien und Wohlstandsbildung vor Ort fördern und private Entwicklungsinitiativen in – von unabhängigen Juroren entschiedenen – Wettbewerben für Co-Finanzierungsmaßnahmen und Förderprogramme auswählen [109]. In diesem Schlüsselbereich ist noch viel zu tun. Erst in der Umsetzung zeigt sich letztlich die Qualität eines Programmes.

Die Kernstandards der International Labour Organization ILO (http://www.ilo.org/public/english/bureau/gender/newsite2002/standard/) sowie die Kernvereinbarungen im Bereich der Global Environmental Agreements sollen im Rahmen der WTO und eventuell auch hinsichtlich der Kreditvergabe beim Internationalen Währungsfonds und der Weltbank verbindlich gemacht werden [42, 87]. Im Übrigen wird hier eine häufig erhobene Forderung der entwickelten Welt, insbesondere der USA, in Zusammenhang mit einer Weiterentwicklung der WTO aufgegriffen, die insbesondere mit Anliegen von Gewerkschaften und Umweltschützern korrespondiert. Zugleich könnten damit auch die seit 1996 international verbindlichen, aber in dieser Form bisher eher peripher wahrgenommenen wirtschaftlichen, sozialen und kulturellen Menschenrechte materiell verbindlich gemacht werden [139]. Aus Sicht des Autors sind in diesem Kontext auch die Frage der Weltbevölkerungsentwicklung und die Umsetzung der reproduktiven Rechte aller Menschen zu regeln [1, 18, 19, 51, 54, 80, 83]. Eine große Herausforderung wird in dem erforderlichen Integrationsprozess verschiedener globaler Regime darin bestehen, ein Rechtsinstitut auf internationaler Ebene für das aus der Integration verschiedener heutiger Komponenten entstehende Global Governance System zu schaffen, das insbesondere den Rechtssprechungs- und Sanktionsapparat der WTO sowie gegebenenfalls entsprechende Elemente des IWF und der Weltbank geeignet integriert und damit für alle tangierten Anliegen nutzbar macht. Unter Designaspekten ist dies eine Schlüsselfrage für den Erfolg eines Globalen Marshall-Plans.

Der Zeitplan der Kampagne sieht – ausgehend von einem für Herbst 2004 angestrebten Initiativschritt auf der Ebene des EU-Parlaments und der EU-Kommission – einen Prozess vor, der im Jahr 2007 mit Blick auf das Datum Rio+15 zu einer Entscheidung für ein Implementierungsprogramm ab 2008 führen soll. Damit würden die weitreichenden Überlegungen des Weltgipfels in Rio im Jahre 1992 eine voll wirksame Umsetzung erfahren.

Der Designprozess für einen Globalen Marshall-Plan ist in sich eine große Herausforderung. Dies gilt gerade auch für neue Formen der Umsetzung in der weltweiten Entwicklungszusammenarbeit, die dringend erforderlich und eine Voraussetzung für den Erfolg der Initiative sind. Entsprechende Überlegungen sollen künftig, zur Unterstützung eines von der EU einzusetzenden Advisory Boards, in Wechselwirkung zwischen Regierungen und internationalen Organisationen, den international operierenden Konzernen und Nicht-Regierungs-Organisationen abgestimmt werden. Der vorliegende Text stellt als Bericht an die Initiative Global Marshal Plan/Planetary Contract einen Input in einen solchen Prozess dar. Wichtige koordinierende Rollen für die genannten Akteursfelder könnten im Weiteren die United Nations, der World Business Council on Sustainable Development und der Club of Rome übernehmen.

Der vorliegende Text ist eine Fortentwicklung des entsprechenden Ergebnisdokuments [90] des EU-Projekts Terra-2000 (www.terra-2000.org) und schließt eine Serie von Beiträgen des Autors und verschiedener Forschungspartner zu diesem Thema ein, vgl. hierzu u. a. [69, 78, 79, 90].

I. Konzeptioneller Hintergrund der Global-Marshall-Plan-Initiative

Viele internationale Führer und Denker haben über die letzten Jahrzehnte hinweg ein Programm entwickelt, das die weltweiten Prozesse in eine neue, bessere Richtung lenken könnte. Wie so oft besteht allerdings eine große Schwierigkeit darin, von weitreichenden Überlegungen zu konkreten Maßnahmen zu kommen, insbesondere, wenn damit erhebliche ökonomische Transfers verbunden sind. Es gilt, Verständnis dafür zu schaffen, dass wir uns angesichts der weltweiten Probleme in einer Situation befinden, in der internationale Entwicklungsanstrengungen zur Überwindung der Armut zum Vorteil aller sind. Eine Ökosoziale Marktwirtschaft bildet dabei den geeigneten Rahmen, um bessere Verhältnisse herbeizuführen, indem durch eine Angleichung von Standards mit einer entsprechenden Co-Finanzierung eine Win-Win-Situation für alle Beteiligten erreicht werden kann. Ein ökosozialer Planetary Contract bildet ein Instrument zur Erreichung eines substanziellen Zwischenschrittes auf dem Weg zu einer nachhaltig ausgerichteten Zukunft bis zum Jahr 2015 und hat die Chance, ein Weltwirtschaftswunder zu induzieren.

Die Global-Marshall-Plan-Initiative (www.globalmarshallplan. org) wurde am 16. Mai 2003 von Vertretern von 16 Nicht-Regierungs-Organisationen (Umweltverbände, caritative Organisationen, Entwicklungsagenturen, Vertreter der kirchlichen Seite, Vertreter von Industrieverbänden, Vertreter des Ökosozialen Forums Europa,Vertreter des Club of Rome und des Club of Budapest sowie Vertreter von Attac) im Rahmen eines Treffens der Initiative für Weltfrieden, Nachhaltigkeit und Gerechtigkeit (vgl. www.initiative-weltfrieden.org) ins Leben gerufen. Die Stiftung Weltvertrag erhielt die Koordinierungsfunktion (Projektleiter: Surjo R. Soekadar), der Club of Budapest hat eine größere Öffentlichkeitskampagne initiiert, das Ökosoziale Forum

Europa unterstützt das Thema europaweit, die Universität Stutt-
gart und die Breuninger-Stiftung haben eine Gastprofessur von
Prof. Ervin Lazlo, Präsident des Club of Budapest, zum Thema
finanziert, und das Unternehmerehepaar Karolin und Frithjof
Finkbeiner hat eine eigenständige Stiftung „Global Marshall Plan
Foundation" (www.globalmarshallplan.org) zur Finanzierung
flankierender Maßnahmen eingerichtet, die offen ist für andere
Denker und Stifter, die sich dieses Themas annehmen wollen.
Mit dem deutschen Bundesverband für Wirtschaftsförderung
und Außenwirtschaft (BWA) ist bereits 2003 ein erster Indus-
trieverband beigetreten, ebenso der Vorstand des Universitäts.
Club Klagenfurt (www.uniclub.uni-klu.ac.at). Der Club war zuvor
mit einem interessanten Friulanischen Manifest in der Öffentlichkeit hervorgetreten [130]. Weitere Hinweise zum Stand der
Initiative (www.globalmarshallplan.org), den beteiligten Personen
und Organisatoren, den bisher erfolgten Arbeitstreffen, der Stuttgarter Erklärung und ihres Unterzeichnerkreises finden sich
unter (www.initiative-weltfrieden.org); vgl. hierzu auch den Anhang zu diesem Text. Verwiesen sei auch auf ein aktuelles
Positionspapier der Initiative zum Thema [70], das als Taschenbuch erschienen ist, sowie auf einen frühen Kurztext des Autors, der ebenfalls in den Anhang dieses Textes aufgenommen
wurde.

Die Initiative für einen Globalen Marshall-Plan verfolgt langfristig
die weltweite Implementierung einer Ökosozialen Marktwirtschaft [87, 93] und damit eines Systems mit hoher Wertschöp-
fungsfähigkeit und weltweiter Solidarität – eines so genannten
Balanced Way. Sie ist wesentlich beeinflusst durch das von
Kofi Annan initiierte Dokument „Brücken in die Zukunft. Ein Manifest für den Dialog der Kulturen" [3], Michail Gorbatschows
„Manifest für die Erde" [34], Al Gores „Wege zum Gleichgewicht – ein Marshallplan für die Erde" [35], Hans Küngs
„Weltethos" [62], den von Helmut Schmidt herausgegebenen
Text zum Thema „Menschenpflichten" [100] und schließlich
durch die Erdcharta [117]. Erwähnt sei auch eine engagierte
Initiative für einen ökologischen Marshall Plan, die 1997 durch

Vordenker wie Franz Alt, Carlhanns Damm, Wolfgang Engelhardt, Joschka Fischer, Maximilian Gege, Jo Leinen, Eva Quistorp, Wolfgang Rauls und Lutz Wicke auf den Weg gebracht
wurde und mit der etwa 750.000 Unterschriften für die vorgelegten Pläne gesammelt werden konnten [2]. Weitere wichtige
Bezüge, u. a. zu Susan Sontag und Lothar Späth, finden sich
in [21, 28, 31, 32, 33, 37, 44, 63, 64, 65, 77, 84, 87, 97, 98,
99, 101, 107, 110]. Besonders hingewiesen sei auch auf die
durch Jakob von Uexkuell und Maximilian Gege betriebene
Initiative zur Etablierung eines Weltzukunftsrates [132], mit
dem eine Zusammenarbeit besteht. Deutscher Koordinator der
Initiative ist B.A.U.M., Europas größter Umweltverband der
Wirtschaft mit rund 500 Mitgliedsunternehmen. Schließlich besteht auch eine inhaltliche Beziehung zu einem in Köln ent-
stehenden neuen Erlebnishaus des Wissens, dem Odysseum
Köln, für das der Autor eine wesentliche Koordinierungsfunktion wahrnimmt [74, 75].

Al Gore,
früherer US-
Vizepräsident

„... wenn es uns nicht gelingt, den Schutz der Erde als
unser zentrales Handlungsprinzip zu sehen, ist das Überleben unserer Zivilisation zweifelhaft."

Die Ökosoziale Marktwirtschaft greift die Idee von Carl Friedrich von Weizsäcker über die Notwendigkeit einer Weltinnenpolitik auf [7, 81, 133] und setzt zugleich voll auf die Wert-
schöpfungsfähigkeit von Märkten, auf Innovation und Wachstum, aber dies unter adäquaten Rahmenbedingungen, die neben wirtschaftlichen auch soziale, kulturelle und ökologische
Aspekte menschlicher Existenz mitbedenken. Dabei kommt
auch ein verändertes Menschenbild der Wirtschaftswissenschaften zum Tragen, das sich in Untersuchungen der empiri-
schen Ökonomie (z. B. im Umfeld des so genannten Ultimatum
Bargain Game [16, 78]) als deutlich realitätsnaher erweist als
die abstrakte, aber wirklichkeitsfremde klassische Konstruk-
tion eines homo oeconomicus. Der homo oeconomicus steht
für „Wenn jeder an sich denkt, ist an jeden gedacht". Diese
Philosophie hat uns in die problematische Situation gebracht,

in der wir uns heute befinden. Sie bildet nämlich die geistige Basis für Marktfundamentalismus und Turbokapitalismus. Marktfundamentalisten berufen sich dabei interessanterweise gerne auf Adam Smith als Urvater und Kronzeugen ihrer Vorstellung von freien Märkten, obwohl die Überlegungen dieses wichtigen Vordenkers, was die Natur des ökonomischen Geschehens betrifft, wie Originaldokumente zeigen, viel differenzierter waren. Insbesondere hat Adam Smith immer sehr überzeugend staatliche Ordnungssysteme zur Regulierung von Märkten für notwendig erklärt und sich dabei auch ausführlich über die dafür erforderlichen ethisch-moralischen Grundlagen geäußert [95, 116].

Viel realistischer als die marktfundamentalistische Sicht erscheint der Blick auf den Menschen als einen homo oeconomicus cooperativus [46]. Man könnte eher sagen, der Mensch handelt systematisch unsystematisch. Die Vergabe des Nobelpreises für Wirtschaftswissenschaften an Daniel Kahneman und Vernon L. Smith im Jahre 2002 unterstreicht diese neuere wissenschaftliche Sicht auf die Natur des Menschen eindrücklich.

Neben besagtem Menschenbild geht es dann mindestens genau so sehr darum, dass Preise die Wahrheit sagen, also z. B. externe Kosten adäquat in das Marktgeschehen internalisiert werden. Dies gilt nicht zuletzt für die internationale Mobilität, die heute zu preiswert ist, gemessen an den direkten und indirekten Schäden, die dadurch – neben vielen positiven Beiträgen – induziert werden, und die indirekt zu enormen Marktverzerrungen, besonders auch bei Gütern niedriger Wertschöpfung, führt. Des Weiteren gilt es, den Wettbewerb so zu forcieren, dass (de facto) Monopole verhindert und kleine und mittlere Unternehmen gefördert werden. Wesentliches Prinzip ist es, dass die Menschen nicht für die Ökonomie, sondern die Ökonomie für die Menschen da ist und dass es eines starken und leistungsfähigen Staates sowie in einer globalisierten Ökonomie starker und leistungsfähiger Strukturen einer Global Governance (Primat der Politik) bedarf, damit Wohlstand, Wachstum und Fortschritt für alle wirksam werden [27, 31, 33, 40, 41, 44, 63, 64, 69, 78, 79, 81, 87, 93, 106, 113, 117, 141, 142].

Konkret stehen dabei zum jetzigen Zeitpunkt die Überwindung von Blockaden bei der Weiterentwicklung der WTO und die Verknüpfung der WTO mit anderen globalen Regimen in den Bereichen Sicherheit, Wirtschaft, Finanzen, Umwelt, Soziales, kultureller Ausgleich und Governance hin zu einem konsistenten globalen Ordnungsrahmen an. Das Fehlen eines solchen konsistenten Rahmens bildet die vielleicht größte Schwachstelle der aktuellen Weltsituation, weil dadurch gemeinsam angestrebte weltweite gesellschaftliche Zielsetzungen in vielen Fällen direkt in Widerspruch zu dem stehen, was sich auf den Märkten rechnet. Unter anderem deshalb kommt die Weltgemeinschaft z. B. mit der Ausrottung des Hungers trotz dauernder großer Erklärungen und Resolutionen nicht weiter [25, 106].

Kofi Annan, [4]

„Wirklicher Friede bedeutet auch wirtschaftliche Entwicklung und soziale Gerechtigkeit, bedeutet Schutz der globalen Umwelt und Eindämmung des weltweiten Waffenhandels, bedeutet Demokratie, Vielfalt und Würde, Achtung der Menschenrechte und der Rechtsstaatlichkeit und vieles, vieles mehr."

Zum diesem Schluss hinsichtlich der sozialen Aspekte der Globalisierung kommt auch der ILO-Report aus dem Jahr 2004 [47], für den die World Commission der ILO verantwortlich ist. Nicolai Sune Andersen fasst die Ergebnisse dieses Reports im Newsletter 1/2004 der Stiftung Weltvertrag wie folgt zusammen [6]:

„Ende Februar legte die von der ILO eingesetzte unabhängige Weltkommission einen Bericht über die soziale Dimension der Globalisierung vor. Mitglied der Kommission war auch unser Kurator Prof. Dr. Ernst Ulrich von Weizsäcker. Wir stellen die zentralen Thesen und strukturellen Forderungen der Kommission vor.

Der Bericht bringt zum Ausdruck, dass die öffentliche Debatte über die Globalisierung dabei ist zu entgleisen. Festgezurrte Positionen, die in einer Vielzahl von Sonderinteressen fragmentiert sind, bestimmen die Kommunikation. Hierbei ist der Wille zum Konsens recht klein. Zentrale internationale Verhandlungen sind gegenwärtig festgefahren, und internationale Entwicklungszusagen werden im Großen und Ganzen nicht eingehalten.

Die Kommission wurde vor zwei Jahren von der ILO gegründet und vom Präsidenten Tansanias, Benjamin William Mkapa, sowie der finnischen Präsidentin, Tarja Halonen, geleitet. Mitglieder der Kommission waren neben Prof. Dr. Ernst Ulrich von Weizsäcker so unterschiedliche Persönlichkeiten wie etwa Joseph Stiglitz, Nobelpreisträger und ehemaliger Chefökonom der Weltbank, Eveline Herfkens, die Chefkoordinatorin der UN-Kampagne für die ›Millennium Development Goals‹ und ehemalige Entwicklungsministerin der Niederlande, sowie als Vertreter der Wirtschaft Taizo Nishimuro, der Vorstandsvorsitzende von Toshiba.

Im Bericht wird die gegenwärtige ökonomische Situation der Erde analysiert. Unter anderem werden folgende Thesen aufgestellt:

▪ Seit 1990 ist das Wachstum des globalen Bruttonationalprodukts (BNP) geringer als in den davor liegenden Jahrzehnten ausgefallen. Dies spricht – so die Kommission – „gegen die optimistischen Prognosen über die Wirkungen der Globalisierung auf das Wachstum".

▪ Das Wachstum pro Einwohner ist sehr ungleich verteilt, sowohl unter den Industrieländern als auch unter den Entwicklungsländern. Nur 16 Entwicklungsländer hatten in der

Periode 1985 bis 2000 ein jährliches Wachstum von mehr als drei Prozent, 55 Entwicklungsländer hatten ein Wachstum im gleichen Zeitraum von weniger als zwei Prozent, 23 Länder litten unter negativem Wachstum.

■ Die Einkommenskluft zwischen den reichsten und ärmsten Ländern ist enorm gestiegen. So sind die durchschnittlichen Einkünfte von 212 Dollar gegenüber 11.417 Dollar in der Periode 1960 bis 1962 auf 267 Dollar gegenüber 32.339 Dollar in der Periode 2000 bis 2002 gestiegen.

■ Die ökonomische Entwicklung in Entwicklungsländern fiel in der Periode von 1991 bis 2001 zunehmend hinter jene in den industrialisierten Ländern zurück, was die Welt in einen Zustand geführt hat, in dem 22 industrialisierte Länder mit nur etwa 14 % der Weltbevölkerung die Hälfte des Welthandels und mehr als die Hälfte der weltweiten ausländischen Direktinvestitionen (FDI) betreiben.

■ Global gesehen ist die Arbeitslosigkeit im Jahr 2003 weiter angestiegen. Die Anzahl der Arbeitslosen, die nach Beschäftigung suchen, hat die Zahl von 185 Millionen oder 6,2 Prozent der gesamten Arbeitskraft überschritten; dies ist die höchste Arbeitslosigkeit, die je von der ILO registriert worden ist. Mit einer Arbeitslosenquote von 14,4 Prozent sind circa 82 Millionen junge Menschen im Alter von 15 bis 24 Jahren – die meisten leben in Entwicklungsländern – besonders betroffen.

■ Die ›informelle Ökonomie‹, die überwiegend Menschen ohne feste Arbeit oder Einkommen umfasst, wird sich weiter v. a. in Ländern mit niedrigen BNP-Wachstumsraten ausweiten, zumal mehr Menschen die weniger werdenden Jobs nachfragen. Gleichzeitig hat sich die Anzahl der ›working poor‹ – Personen, die von etwa einem Dollar am Tag oder weniger leben – im Jahr 2003 stabilisiert. Ihre Anzahl wird weltweit auf etwa 550 Millionen Menschen geschätzt.

■ Das Wachstum ausländischer Direktinvestitionen (FDI) nahm zu Beginn der 80er-Jahre zu. Im Jahr 2000 hatten über 100 Länder bedeutende Liberalisierungsmaßnahmen zugunsten vermehrter FDI eingeführt. Gleichwohl, so die Kommission, sind viele Erwartungen nicht erfüllt worden. Trotz starker Wachstumsraten haben sich bei den Auslands-Direktinvestitionen (FDI) in Entwicklungsländern die Investitionen vor allem auf zehn dieser Länder konzentriert.

■ Die gesamte Entwicklungshilfe (ODA) ist reduziert worden und liegt mit einem Durchschnittswert von gegenwärtig 0,23 Prozent weit unter dem erklärten Ziel von 0,7 Prozent des BIP. Die Erfüllung des 0,7-Prozent-Ziels hätte die Entwicklungshilfe um einen jährlichen Betrag von zusätzlich 100 Milliarden Dollar aufgefüllt. Der Bericht sagt, dass ›wir unsere Stimme an jene geben sollten, die fordern, dass die Ziele respektiert werden. Wenn alle Länder die Ziele in den letzten 30 Jahren erfüllt hätten, ständen 2,5 Trillionen Dollar mehr für Entwicklung zur Verfügung.‹

■ Die Millenniumsziele sind in ihrer Umsetzung gefährdet. Um die Ziele bis zum Jahr 2015 zu erreichen, bedarf es mindestens zusätzlicher 50 Milliarden Dollar jährlich. Auch wenn die Geberländer ihr Versprechen vom Gipfel in Monterrey umsetzen, die Entwicklungshilfe bis zum Jahr 2006 um 16 Milliarden Dollar anzuheben, fehlen weiterhin zwei Drittel der notwendigsten Geldsummen, um alle Ziele zu erreichen. Die Kommission fordert mit Blick auf diese Thesen zu einer Stärkung der sozialen Dimension der Globalisierungsdebatte auf. Die heutigen Entwicklungen fördern dagegen einen Zustand des Ungleichgewichts, sowohl innerhalb als auch zwischen den Ländern. Im Bericht wird dagegen zu einem Engagement für Entwicklungen mit einer starken sozialen Dimension aufgefordert, basierend auf gemeinsamen universellen Werten, dem Respekt vor den Menschenrechten und demokratischen Regierungsformen, die Möglichkeiten und Gewinne für alle Länder und Menschen beinhalten.

Folgende Punkte sollten stärker beachtet werden:

- Fokus auf Menschen
- Ein demokratischer und effektiver Staat
- Nachhaltige Entwicklung
- Produktive und gerechte Märkte
- Globalisierung mit Solidarität
- Größere Verantwortung gegenüber den Völkern
- Tiefergehende Partnerschaft
- Ein effektives UN-System

■ Die Kommission empfiehlt eine Reihe von Reformen auf globalem Niveau, u. a. im Bereich des internationalen Handels sowie im PRSP-Prozess (Poverty Reduction Strategy Paper) unter der Regie von Weltbank und IMF. Des Weiteren empfiehlt die Kommission, den Entwicklungsländern einen größeren Einfluss in den internationalen Finanzinstitutionen zu geben.

■ Entwicklungsländer sollten eine verstärkte Repräsentation in den Entscheidungsorganen der Bretton Woods Institutionen bekommen. Zuzüglich sollten die Arbeitsmethoden der WTO überarbeitet werden, um eine effektive Teilnahme dieser Länder an den Verhandlungen zu gewährleisten. In der Frage des internationalen Handels fordert die Kommission u. a., dass ›globale handels- und finanzpolitische Regeln mehr Raum für autonome Politik in Entwicklungsländern geben sollten‹.

■ Beim PRSP-Prozess hebt die Kommission hervor, dass dieser „nicht mehr jene Strukturanpassungsprogramme produzieren solle, die wegen der dogmatischen Forderungen nach Privatisierung und reduzierten öffentlichen Diensten nicht funktioniert haben". Die Kommission schließt hieraus, dass der Prozess genau überwacht werden muss.

Nach dieser Zusammenfassung werden wegen der Bedeutung der Ausführungen im Folgenden auch die zwölf ersten Positionen der Studie wiedergegeben. Das Dokument ist überaus informativ und enthält wesentliche Befunde.

- Der derzeitige Weg der Globalisierung muss sich ändern. Zu wenige haben Anteil an ihren Erträgen. Zu viele können sie weder mitgestalten, noch ihren Lauf beeinflussen.

- Globalisierung bringt die Ergebnisse, die wir aus ihr hervorbringen. Sie hängen ab von der Politik, den Regelungen und Institutionen, die ihre Richtung bestimmen; von den Werten, die ihre Akteure leiten, sowie deren Fähigkeit, Einfluss auf den Prozess zu nehmen.

- Wir, die Mitglieder der World Commission, vertreten eine sehr große Vielfalt an Meinungen und Interessen, die oft in öffentlichen Globalisierungsdiskussionen polarisiert werden. Wir haben uns jedoch über ein gemeinsames Ziel geeinigt; eine faire Globalisierung, die Möglichkeiten für alle schafft. Globalisierung soll ein Mittel zur Steigerung des Wohlergehens und der Freiheit der Menschen werden und sie soll Demokratie und Entwicklung in lokale Gemeinden bringen, dorthin, wo Menschen leben. Unser Ziel ist es, einen Konsens für gemeinsame Maßnahmen zur Verwirklichung dieser Vision zu bilden, sowie einen Prozess nachhaltigen Engagements der Akteure selbst zu fördern, dies schließt Staaten, internationale Organisationen, die Wirtschaft, die Arbeitswelt und die Zivilgesellschaft ein.

- Unsere Botschaft ist zwar kritisch, jedoch positiv. Wir glauben, dass die Vorteile der Globalisierung vermehrt werden können; ihre Früchte können gerechter geteilt werden; und viele ihrer Probleme können gelöst werden. Die Ressourcen und Mittel stehen bereit. Unsere Vorschläge sind ambitioniert, aber machbar. Wir sind sicher, dass eine bessere Welt möglich ist.

■ Wir trachten nach einer gerechten Entwicklung, die allen Frauen und Männern die für sie notwendigen Rechte, Möglichkeiten und Fähigkeiten zur Verwirklichung ihrer Vorstellungen für ein angemessenes Leben gibt.

■ Wir bekräftigen die Bedeutung von Werten und die Wichtigkeit der Menschenrechte, die Vorherrschaft der Globalisierung zu leiten und die Verantwortlichkeiten ihrer Akteure zu bestimmen.

■ Wir fordern eine geschlossenere Führung und Kontrolle der Globalisierung durch eine Politik, die Wirtschaftswachstum besser mit sozialem Fortschritt und ökologischer Nachhaltigkeit koppelt.

■ Wir müssen realistisch sein. Globalisierung hat viele Aspekte, aber unser Mandat besteht in der Konzentration auf ihre soziale Dimension. Die Anerkennung der vielen, derzeit laufenden unterschiedlichen Dialoge und Initiativen ist uns ein Anliegen und wir versuchen diese zu fördern und darauf aufzubauen.

■ Globalisierung wird nach ihren Auswirkungen beurteilt. Obwohl viele der Übel dieser heutigen Welt – Armut, der Mangel an angemessenen Arbeitsplätzen, die Verweigerung der Menschenrechte – lange vor der heutigen Globalisierungsphase bestanden, gibt es in bestimmten Regionen der Welt eine Zunahme der Ausgrenzungen und Entbehrungen. Für viele hat die Globalisierung die traditionelle Lebenswelt und lokale Gemeinden entwurzelt, bedroht wirtschaftliche Nachhaltigkeit und kulturelle Vielfalt. Da der derzeitige Prozess grenzüberschreitender Beziehungen und Netzwerke an Geschwindigkeit gewinnt, kommt es zunehmend zu Diskussionen nicht nur über Ungerechtigkeiten zwischen Ländern, sondern auch über Ungerechtigkeiten innerhalb der Länder und deren Auswirkungen auf Menschen, Familien und Gemeinschaften. Diese The-

men stehen im Zentrum der Politik. Die Globalisierungsdebatte wird rasch zu einer Debatte über Demokratie und
soziale Gerechtigkeit in einer globalen Wirtschaft werden.

- Wir erkennen an, dass die Globalisierung die Tür zu vielen
Vorteilen geöffnet hat. Sie hat offene Gesellschaften und
offene Wirtschaften gefördert und einen freieren Austausch
von Waren, Ideen und Wissen begünstigt. In vielen Teilen
der Welt ist es zu einer Blüte von Innovation, Kreativität und
Unternehmertum gekommen. In Ostasien konnten mit dem
Wirtschaftswachstum innerhalb eines Jahrzehnts 200 Millionen Menschen aus der Armut befreit werden. Verbesserte Kommunikationsmöglichkeiten führten zu einer Hebung
des Bewusstseins über Rechte und Identitäten und ermög-
lichten es sozialen Bewegungen, Meinungen zu mobilisieren und demokratische Verantwortlichkeit zu stärken. In der
Folge beginnt sich ein wahrhaft globales Verantwortungs-
bewusstsein herauszubilden, sensibel für die Ungleichheiten der Armut, geschlechtliche Diskriminierung, Kinderarbeit
und ökologische Degradierung, wo immer diese auch geschehen mögen.

- Und doch wächst die Sorge über die derzeitige Richtung
der Globalisierung. Ihre Vorteile sind für zu viele unerreich-
bar, während ihre Risiken viel zu real sind. Ihre Instabilität
bedroht Reich und Arm. Ungeheure Reichtümer werden
geschaffen. Aber die fundamentalen Probleme von Armut,
Ausgrenzung und Ungleichheit bleiben bestehen. Korruption ist weit verbreitet. Offene Gesellschaften werden von
globalem Terrorismus bedroht und die Zukunft offener
Märkte wird zunehmend in Frage gestellt. Die globale Kontrolle ist in einer Krise. Wir sind an einer kritischen Weg-
kreuzung. Es muss dringend zu einem Umdenken hinsichtlich unserer derzeitigen Politik und der Institutionen
kommen.

Wo stehen wir heute?

■ Es gibt tief verwurzelte und beständige Unausgeglichenheiten in der derzeitigen Funktionsweise der Weltwirtschaft,
die ethisch inakzeptabel und politisch nicht nachhaltig sind.
Sie stammen von einer grundlegenden Disharmonie zwischen Wirtschaft, Gesellschaft und dem Staat. Die Wirtschaft wird immer globalisierter, während soziale und politische Institutionen größtenteils lokal, national oder regional bleiben. Keine der bestehenden globalen Institutionen
bietet eine adäquate demokratische Kontrolle der globalen
Märkte oder behebt grundlegende Ungleichheiten zwischen
Ländern. Diese Unausgeglichenheiten weisen auf die Notwendigkeit besserer institutioneller Rahmenbedingungen
und politischer Maßnahmen hin, sollte das Versprechen
der Globalisierung eingelöst werden.

Der Report der ILO-World Commission gibt viele wichtige Hinweise, auch zu der ungenügenden Umsetzung der Millenniumsziele der Vereinten Nationen bis zum Jahr 2015 (UN
Millennium Development Goals). Wie alle kritischen internationalen Reports sind die präsentierten Vorschläge dennoch
eher vorsichtig gehalten. „Think big" ist im internationalen Rahmen nach allen bisherigen Erfahrungen ein wenig realistischer
Ansatz. Aber die Richtung stimmt. Der Global-Marshall-Plan/
Planetary-Contract-Ansatz greift all dies auf, versucht dann
allerdings darüber hinausgehend einen großen Schritt, der Pläne und Hoffnungen endlich in Lösungen und Umsetzungser-
folge zu transformieren verspricht. Dies reflektiert eine aus spieltheoretischen Überlegungen motivierte Sicht, dass nämlich die
heutigen, höchst komplexen Problemlagen allenfalls noch durch
einen größeren, zahlreiche Themenfelder abdeckenden Ge-
samtentwurf bewältigt werden können, nicht durch kleine Schritte in Einzelfeldern, weil nur ein solcher Schritt „genügend Stell-
knöpfe" für vielfältige Win-Win-Konstellationen für alle bieten
kann.

Die Träger der Initiative stehen dabei nicht alleine. Tatsächlich
bildet sich nämlich endlich so etwas wie ein neuer Konsens

heraus, der, richtig betrachtet, den marktfundamentalistischen Washington Consensus der 90er-Jahre, der auf diesem Globus schon extrem viel Schaden angerichtet hat, ersetzen könnte und wieder stärker die Bedeutung der Rahmenbedingungen der Ökonomie und der Rolle des Staates für Wohlstand und Wohlergehen im Sinne eines Ordoliberalismus in den Vordergrund rückt [9, 44, 47, 88, 89, 109, 115, 130, 131, 135, 146].

In der in [56] wiedergegebenen Variante des Washington Consensus, die auf den Ökonomen John Williamson (1989) zurückgeht, werden die folgenden zehn Prinzipien formuliert:

- Fiskalische Disziplin
- Umleitung öffentlicher Ausgaben in Felder, die sowohl wirtschaftliches Wachstum als auch eine gleichmäßigere Einkommensverteilung versprechen
- Steuerreform (niedrigere marginale Steuersätze, breitere Steuerbasis)
- Liberalisierung der Finanzmärkte
- Schaffung eines stabilen, wettbewerbsfähigen Wechselkurses
- Handelsliberalisierung
- Beseitigung von Marktzutrittsschranken/Liberalisierung ausländischer Direktinvestitionen (Gleichbehandlung ausländischer und inländischer Firmen)
- Privatisierung
- Deregulierung (Abschaffung von Markteintritts- und -austrittsbarrieren)
- Gesicherte Eigentumsrechte

All diese Prinzipien klingen gut, wie so vieles, was uns die Marktfundamentalisten vorschlagen. Ganz offensichtlich schließt aber die Durchsetzung einiger dieser Punkte in der heute üblichen Form und unter den heute gegebenen konkreten weltpolitischen Bedingungen das Erreichen der formulierten sozialen Ziele rein lebenspraktisch aus. Politik gemäß dieser Logik fordert heute z. B. bei der Vergabe von Krediten des Internationalen Währungsfonds an ärmere Länder den Rückbau des Staates und damit z. B. (indirekt) der dortigen Ausbildungs- und Gesundheitssysteme zu Lasten der ohnehin schon armen Bevölkerung. Wie soll so jemals Entwicklung gelingen, wo doch Ausbildung und Gesundheit absolute Schlüsselfaktoren für Zukunftsfähigkeit sind? Dieser Consensus muss daher dringend durch etwas Besseres ersetzt werden, ein besonderes Anliegen von Guido Eberhard [22]. Zu denken ist dabei insbesondere, wie oben schon angedeutet, an die Zugrundelegung von Kernelementen der ILO-, UNESCO- und UNEP-Standards bei allen zukünftigen Ausleihungen bei IWF und Weltbank, sofern insgesamt ein konsistenter Ordnungsrahmen über Co-Finanzierungsmaßnahmen und unter Einbeziehung der WTO im Rahmen eines Global Marshall-Plans gelingt. Heute werden solche Eingriffe übrigens mit Verweis auf die Souveränität der Empfängerländer abgelehnt, obwohl mit Auflagen bzw. der Größe des öffentlichen Sektors massiv in Souveränitätsfragen eingegriffen wird. Heute handelt es sich dabei im Rahmen des Washington Consensus um selektive Eingriffe zu Lasten des sozialen Ausgleichs und der Nachhaltigkeit, in Zukunft im Rahmen eines Global Marshall Plan hoffentlich um Eingriffe zugunsten von Zukunftsfähigkeit.

Bei einem ordoliberalen konsistenten Ordnungsrahmen geht es konkret um die Etablierung adäquater, weltweiter, mit Nachhaltigkeitsanliegen konformer Standards, wobei ein Konsens mit den zurückliegenden Ländern über hohe Standards in der Regel – aus nachvollziehbaren Gründen – nur durch Co-Finanzierungsmaßnahmen und abgestimmte weitere Marktöffnungen der entwickelten Länder zugunsten der übrigen Welt, vor allem der ärmsten Staaten, erreichbar ist. Dies wiederum sollte im Kontext geeigneter, fair ausgehandelter Rahmenbedingungen erfolgen, eine Forderung der sich entwickelnden Länder auf allen Weltgipfeln der letzten Jahrzehnte zu diesem Thema. Co-Finanzierung in Verbindung mit der Etablierung von Standards ist zugleich das zentrale Designelement und Kernanliegen einer Ökosozialen Marktwirtschaft [87, 93].

Beispiele für die erfolgreiche Umsetzung des grundlegenden Prinzips „Co-Finanzierung gegen die Angleichung von Standards" bilden das erfolgreiche Montrealer Protokoll zum Schutz des Ozonschirms der Erde oder z. B. auch der Marshallplan der USA nach dem Zweiten Weltkrieg zur Förderung des Wiederaufbaus in Europa, der eine ähnliche Logik verfolgte und zudem wesentlich auf eine Marktöffnung der USA für die Empfängerländer setzte. Noch mehr bilden aber die Erweiterungsprozesse der EU [87] ein Erfolgsbeispiel für den ökosozialen Ansatz. Von diesem Ansatz, der Standardangleichung mit Marktöffnungen und Co-Finanzierung koppelt und letztlich zu offenen Grenzen und einer offenen Gesellschaft führt, ist für die weitere weltweite Entwicklung viel zu lernen.

> „Als eine Gemeinschaft von 25 Staaten mit mehr als 450 Millionen Einwohnern, die ein Viertel des weltweiten Bruttonationalproduktes produziert, ist die Europäische Union ein globaler Handlungsträger, der bereit sein sollte, auch die Verantwortung für globale Sicherheit zu übernehmen."

Javier Solana,
European
Council

Co-Finanzierung und Marktöffnungen sind Schlüsselfragen, erfordern aber komplementäre Anstrengungen auf nationaler Ebene. Co-Finanzierung wird aber nicht gerne geleistet, und Abwehrargumente finden sich leicht, weshalb Debatten über Co-Finanzierung häufig so geführt werden, als würde die Betonung von Hilfsnotwendigkeiten die Aufmerksamkeit von jener Bedeutung ablenken, die einer adäquaten nationalen Umsetzung zukommt. Da allerdings bisher vergleichsweise wenig an internationalen Transfers erfolgt und die Problemlagen extrem und gravierend sind, ist die beschriebene Gefahr des Nachlassens von Anstrengungen vor Ort als Folge von Unterstützungsmaßnahmen zurzeit als nachgeordnet anzusehen. Oft scheint es eher so zu sein, dass es denen, die immer und ausschließlich auf nicht erledigte nationale Hausaufgaben der ärmeren Länder verweisen, letztlich nur darum geht, selber möglichst nicht belastet zu werden.

Wenn als Orientierungspunkt für weltweite Lösungen Europa als Beispiel genannt wird, soll damit nicht gesagt werden, dass die Verhältnisse in Europa in Ordnung sind. Und natürlich gilt dasselbe, wenn mit dem Marshall Plan an eine US-Aktivität für Europa angeknüpft wird. Ohne Zweifel ist die Einschätzung von US-Hilfsprogrammen aller Art in der Welt vielfach kritisch. Und natürlich ist der Ressourcenverbrauch und sind auch die heutigen Umweltbelastungen in Europa, um von den USA erst gar nicht zu reden, auf Dauer unakzeptabel. Aber man sollte in diesem Kontext auch beachten, dass es in einer falsch geordneten Welt des Freihandels Grenzen dessen gibt, was man als Vorreiter in einem Teil der Welt, z. B. in Europa, tun kann, wenn andere anders verfahren und sich das rechnet (Gefangenen-Dilemma-Situation [87]).

Des Weiteren steht auch außer Frage, dass Europa mit seiner kolonialistischen Vergangenheit auf dieser Welt nicht nur Sympathien besitzt und die meisten Länder der Welt die Idee zurückweisen würden, ein von Europa inspiriertes Modell zu übernehmen. Und für viele, die noch nie von den positiven Wirkungen des Marshall-Plans gehört haben, ist angesichts der angespannten weltpolitischen Lage in Verbindung mit den USA schon das Wort „Marshall"ein Problem. Deshalb wird der Begriff „Ökosozialer Global Marshall Plan" primär in Europa und mit Gesprächspartnern aus den USA verwendet. In anderen Kontexten beschreiben Begriffe wie weltweite Ökosoziale Marktwirtschaft, Planetary Contract, Welt-Solidaritäts-Plan oder Balanced Way die Situation besser. Um in diesem Punkt mehr Ausgeglichenheit zu erreichen, führt die Initiative die Bezeichnung Global Marshall Plan/Planetary Contract, wobei die zweite Hälfte des Namens mindestens genau so wichtig ist wie die erste.

Zusammenfassend sei an dieser Stelle noch einmal ausdrücklich vermerkt, dass mit der Begriffsbildung des Plans keine naive Überhöhung Europas, des Westens oder der entwickelten Welt verbunden ist. Ganz im Gegenteil ist von den übrigen

Teilen der Welt mindestens so viel an Erfahrungen aufzuneh-
men, wie umgekehrt der Westen einbringen kann. Vor diesem
Hintergrund bezieht sich die positive Würdigung europäischer
Politikansätze wie auch der Marshall-Plan-Idee speziell auf die
folgenden Punkte, die für den gewählten Ansatz grundlegend
sind:

1) Die Bereitschaft, sich in internationale Verträge einzubrin-
    gen und dabei Konsensprinzipien zu favorisieren (z. B.
    Weltkinderkonvention, Kyoto-Vertrag, Internationaler Straf-
    gerichtshof).

2) Ein starkes Engagement für den Schutz der Umwelt. Dies
    gilt zumindest in dem Umfang, als daraus keine Nach-
    teile am Weltmarkt resultieren.

3) Erhebliche Investitionen in einen hohen sozialen Ausgleich
    innerhalb der europäischen Länder.

4) Erhebliche Investitionen in die Förderung von kultureller
    Vielfalt und Toleranz innerhalb Europas.

5) Die Bereitschaft, in EU-Erweiterungsprozessen Marktöff-
    nungen vorzunehmen und eine substanzielle Co-Finanzie-
    rung aufzubringen, und zumindest eine Intention, auch inter-
    national weitere Marktöffnungen vorzunehmen, sowie Co-
    Finanzierung von Entwicklungsanliegen im Kontext der
    gemeinsamen Beachtung von Standards zu leisten, dies
    allerdings gekoppelt an die Forderung, die eigene Wettbe-
    werbsfähigkeit dadurch nicht zu beeinträchtigen. Bemer-
    kenswert ist an dieser Stelle, dass Europa, auch wenn es
    mehr tun sollte, heute 70 % der weltweiten Entwicklungs-
    förderung leistet.

Dies heißt in Summe, dass Europa (bisher noch) der Mega-
philosophie [58] einer Ökosozialen Marktwirtschaft gegenüber
dem Marktfundamentalismus den Vorrang gibt, sofern nicht das

Ziel des Erhalts der eigenen Wettbewerbsfähigkeit unter falschen Weltordnungsbedingungen eine andere Haltung erzwingt, wie das heute leider teilweise der Fall ist – einer der Gründe für die Irritationen, die zurzeit die politische Debatte in Europa belasten [88].

Insofern ist die hier thematisierte Orientierung an Erfahrungen bei EU-Erweiterungsprozessen keine neokoloniale europäische Anmaßung. Vielmehr werden einige erfolgswirksame Prinzipien europäischer ökonomischer Philosophie (Markt bedeutet Wettbewerb unter geeigneten Ordnungsprinzipien) als Basis einer Strategie für die Welt genutzt. Diese Strategie baut auf einem breiten Hintergrund internationaler Überlegungen auf, in die der Autor in vielen Gremien der Politikberatung seit mehr als zehn Jahren involviert ist [27,48, 69, 78, 79, 84, 85, 99, 117]. Die dabei formulierte Grundposition ist nicht spezifisch europäisch, sondern wurde im Rahmen eines von der EU initiierten Global Society Dialogues (www.global-society-dialogue.org [33]) unter Mitwirkung von Vertretern aller Weltregionen erarbeitet. Die entsprechenden Überlegungen sind zugleich wesentlich befruchtet worden durch den Weltethos-Prozess [62, 63, 64, 65], der alle großen Religionen der Welt umfasst, sowie den dazu komplementären, aus einer humanistischen Tradition gespeisten Earth-Charta-Prozess [117]. Sie werden wesentlich mitgetragen durch weltweit verankerte Netzwerke von planetarisch orientierten Denkwerkstätten wie dem Club of Rome und dem Club of Budapest.

Das Prinzip der „Co-Finanzierung von Entwicklung unter der Bedingung der Angleichung von Standards" ist seit den Zeiten Mahatma Gandhis auf allen internationalen Konferenzen eine zentrale Position der ärmeren bzw. sich entwickelnden Länder der Welt. Dies zeigte sich in jüngster Zeit erneut in den Vorverhandlungen für den Weltgipfel für die Informationsgesellschaft. In Genf drohte eine ähnliche Blockadesituation wie bei der letzten WTO-Runde in Cancún. Dies resultierte aus einer Kernforderung der sich entwickelnden Länder nach einem be-

sonderen Finanzierungstopf, einem so genannten „Digital Soli-
darity Fund", der eingesetzt werden soll, um die digitale Spaltung zwischen Nord und Süd zu überwinden, wobei die reichen
Länder – wie immer – genau an dieser Stelle blockierten [57].
Dasselbe Bild zeigte sich im Januar 2004 auf dem Treffen der
Organisation Amerikanischer Staaten (OAS) in Montevideo
(Uruguay). Während die USA vor allem über Freihandel, Liberalisierung und den Kampf gegen den Terrorismus sprechen
wollten, stellten die meisten mittel- und lateinamerikanischen
Staaten die Überwindung der Armut in den Vordergrund. Der ge-
forderte Armutsfonds fand jedoch keine Akzeptanz und wurde
insbesondere von den USA abgelehnt. Laut US-Präsident George
W. Bush gibt es bereits genügend solcher Programme. So einfach ist das.

> Die Erde hat genug für jedermanns Bedürfnisse, aber
> nicht für jedermanns Gier.

*Mahatma
Gandhi*

Co-Finanzierung von Entwicklung ist unverzichtbar und gut be-
gründet, wobei hinzukommen muss, dass entsprechende Verträge korrespondierende Pflichten auf Seiten der Empfängerländer beinhalten und auf gleicher Augenhöhe ausgehandelt
werden müssen, wie dies bei EU-Erweiterungsprozessen immer
der Fall ist. Entsprechende Mechanismen kommen in jedem
funktionierenden Staat auch innerstaatlich zum Einsatz und
sind auch dort der Schlüssel für Ausgleich, Kohärenz und Wohlstand.

Größenordnungsmäßig geht es im Rahmen der intendierten
Zusammenarbeit aus Sicht des Autors mittelfristig um das Aufbringen von ein bis zwei Prozent des (Welt-) Bruttosozialproduktes als Volumen eingesetzter Co-Finanzierungsmittel [87],
auch wenn andere Experten mit Blick auf den Umfang an Strukturfonds der EU, einem der besten Instrumente der EU-Politik,
ein richtig eingesetztes niedrigeres Volumen von 0,3 bis 0,5 %
bereits als ausreichend ansehen [53]. Aufgebracht werden können die Mittel über verschiedene Mechanismen, z. B. direkte

Zahlungen der Staaten, angelehnt an ihr Bruttosozialprodukt wie im Rahmen der EU, oder über die Besteuerung ökologisch-kritischer international genutzter Ressourcen oder Prozesse, die unmittelbar mit Globalisierung zu tun haben und von Globalisierung profitieren bzw. über einen fairen Handel von Ressourcenverbrauch bzw. von Verschmutzungsrechten, z. B. bei einer intelligenten Fortentwicklung des Kyoto-Protokolls für die Zeit nach 2012 [87], etwa in Form eines markt- und anreizorientierten globalen Klima-Zertifikat-Systems [136, 137]. Hier könnten in Zukunft zwei- bis dreistellige Milliarden-Dollar-Beträge pro Jahr bewegt werden (vgl. Kapitel V). Der Norden würde dann für etwas bezahlen, was in einer weltethisch fairen Betrachtung anderen gehört, er aber bisher kostenlos und massiv verbraucht hat und weiter verbraucht. Sehr interessant ist ferner die von Seiten des britischen Schatzkanzlers Gordon Brown vorgeschlagene International Finance Facility (IFF), die an anderer Stelle in diesem Text ausführlich dargestellt wird (vgl. [12, 13, 47]).

Der Autor hält allerdings aus Gründen der Einfachheit und politischen Umsetzbarkeit insbesondere den Transfer von Sonderziehungsrechten des IWF zu den sich entwickelnden Ländern, eine Tobin-Abgabe auf internationale Finanztransaktionen und Abgaben auf Welthandel (insbesondere Telekommunikation, Energieverbrauch, Agrarwirtschaft, Pharmaprodukte, Militärausgaben) für besonders geeignet. Sachlich angemessen, aber in der Logik dieses Textes bis 2015 wohl weder politisch noch abwicklungstechnisch realisierbar wäre auch eine Abgabe im Kontext von Brain-Drain oder auch, wie schon angedeutet, ein sinnvolles internationales Regime des Handels von (pro Kopf gleich zugeordneten) CO_2-Emissionsrechten in der Weiterentwicklung des Kyoto-Protokolls nach 2012 [77, 87, 136, 137]. Letzteres ist in den weiteren Verhandlungen zur Klimakonvention anzugehen.

Wichtig ist in diesem Kontext weiterhin, dass nicht nur mehr Mittel aufgebracht werden, sondern diese Mittel dann auch

ausschließlich zielorientiert eingesetzt werden und an die Implementierung bestimmter Standards, z. B. im Umwelt- und
Sozialbereich (vgl. Kapitel II), geknüpft sind, also nicht überwiegend oder auch nur zu erheblichen Teilen lokalen Eliten
zu Konsumzwecken zufließen.

Eine weltweite Ökosoziale Marktwirtschaft wird als der natürliche Rahmen für die Erreichung einer offenen Gesellschaft
[108, 109] gesehen; dies gilt gerade auch vor dem Hintergrund des zurzeit erfolgenden Übergangs in eine weltweite In-
formations- und Wissensgesellschaft, die ihrerseits besondere
Chancen, aber auch Risiken beinhaltet [27, 30, 33, 48, 57, 69,
78, 79, 81, 84, 85, 117]. Diese Risiken hängen vor allem mit
so genannten Rebound-Effekten des technischen Fortschritts
als Folge nicht-adäquater Rahmenbedingungen der Ökonomie
zusammen [73, 87, 130]. Wie dargestellt, setzt eine Ökosoziale
Marktwirtschaft auf die Kraft von Märkten und Wettbewerb, allerdings unter ökosozialen Rahmenbedingungen und zielt entsprechend auf Wachstum unter geeigneten Dematerialisierungs-
bedingungen (Faktor 4-/Faktor 10-Konzepte), Kreislaufwirtschaft,
Ökoeffizienz und Ökoeffektivität), vgl. [10, 11, 87, 102, 134].
Ökoeffektivität fordert dabei, das Richtige zu tun in begrifflicher
Abgrenzung zu einer Vorstellung von Effizienz, der es nur um
Wirkungsverhältnisse geht. Natürlich liegt in einer Kopplung
beider Ansätze, also einer effizienten Umsetzung effektiver Strategien, ein besonders wirkungsvolles Potenzial.

Der ökosoziale Ansatz scheint das weit überlegene Modell im
Vergleich zu einer immer weiter deregulierten Weltökonomie
gemäß der heute dominierenden Mega-Philosophie eines Marktfundamentalismus zu sein, der in seinen konkreten Ergebnis-
sen viel zu sehr von unten nach oben umverteilt [78], national
wie international, und die ganze Welt zudem ärmer macht, als
sie unter ökosozialen Bedingungen sein könnte.

Es geht um eine bessere Gestaltung der Globalisierung – und
eine solche ist möglich! Sie ist ein zentrales Anliegen der Ini-

tiatoren der Bewegung für einen Global Marshall Plan, der ILO World Commission zu den sozialen Aspekten der Globalisierung [47], die bereits zitiert wurden, vieler weltpolitisch interessierter Beobachter und insbesondere auch der weltweiten Bewegung Attac [38], die nachdrücklich das hier vertretene Ziel einer besseren Gestaltung der Globalisierung verfolgt [31, 32]. Die Welt könnte ausgeglichener, friedvoller und vor allem wohlhabender sein als das heute der Fall ist, allerdings verlangt das andere weltweite Verteilungsmuster, vor allem Investitionen in die Entfaltung des gesamten Humanpotenzials auf diesem Globus, die Ausstattung aller Menschen mit einem ausreichenden Umfang an Infrastruktur und die Sicherstellung des Zugangs zu benötigten Ressourcen. Dies kann nur unter vernünftigen (welt-) gesellschaftlichen Ordnungsbedingungen gelingen – nicht anders, als dies in sämtlichen, heute erfolgreichen Staaten geleistet wurde. Gelingt dies, beinhaltet das die Chance für ein Weltwirtschaftswunder, das dringend benötigt wird [78, 90].

aus:
Millennium
Development
Compact

„Staatliche Investitionen in arme Nationen spornen das Wirtschaftswachstum an, während das Wirtschaftswachstum solche Investitionen in Gang hält."

Auf dem Weg zu einer weltweiten Ökosozialen Marktwirtschaft sind Zwischenschritte erforderlich. Gerade das Scheitern der letzten Entwicklungsrunde der WTO in Cancún im Herbst 2003, aber auch die offensichtlichen Probleme der USA im Irak, ebenso die jüngsten „Betrugsdelikte" an den nationalen und internationalen Finanzmärkten und die „Plünderung" globaler ökologischer Ressourcen, z. B. im Klimabereich, zeigen, dass wir uns in einer Lage befinden, die einen grundsätzlich neuen Ansatz erfordert. Nötig ist zudem ein Verständnis für die Eigendynamik von Prozessen, die speziellen Rhythmen nationaler Entwicklung und die großen Zeiträume, die für weltweite Transformationsprozesse erforderlich sind [1]. Dies betrifft u. a. das Austarieren von Spannungsfeldern, die sich in Begriffspaaren wie Regulierung versus Eigenverantwortung,

Industrialisierung versus Schutz der Umwelt, Wert öffentlicher Güter versus Marktskeptizismus, Alt versus Neu, Dialog versus Durchsetzungsmacht, globale Handlungsnotwendigkeiten versus heutige Machtungleichgewichte, Nationale Identität versus Global Governance, Versprechen versus Implementation äußern [68]. Ein Gefühl für die Machbarkeit von Veränderungen, aber auch Geduld spielen an dieser Stelle eine große Rolle.

> „Man kann sich nicht nur an den Zeitplan halten, den wir hinsichtlich unseres Einflusses auf die Welt erdacht haben, sondern wir müssen auch den viel komplexeren Zeitplan, den die Welt für sich selbst aufgestellt hat, beachten und respektieren. Dieser Plan ist eine Summe von Tausenden unabhängigen Zeitplänen, die eine unendliche Anzahl von natürlichen, historischen und menschlichen Aktionen beinhalten."

Vaclav Havel

Auf Albert Einstein geht die Beobachtung zurück, dass Probleme nicht mit der gleichen Logik gelöst werden können, die zu deren Entstehung geführt haben. Friedrich Hölderlin macht uns die Hoffnung, dass dort, wo die Probleme wachsen, die Lösungen dies ebenfalls tun. Ein Globaler Marshall-Plan als Beispiel eines Planetary Contracts beinhaltet beides: eine neue Logik und hoffentlich das Potenzial für die Lösung vieler aktueller weltweiter Probleme.

Die sieben Todsünden der heutigen Welt

Reichtum ohne Arbeit
Genuss ohne Gewissen
Wissen ohne Charakter
Geschäft ohne Moral
Wissenschaft ohne Menschlichkeit
Religion ohne Opferbereitschaft
Politik ohne Prinzipien

Mahatma Gandhi

II. Handlungsdruck, innovative Lösungen, kohärentes Ordnungsdesign, neue Umsetzungsmechanismen

Die ökonomischen „Kosten" der weltweiten Armut (Verzicht auf Wohlstandspotenziale) und ihre „politischen Risiken" (zerstörerische Konflikte, Terrorismus) sind nicht mehr tragbar. Das gilt auch für die „Reichen" auf diesem Globus, deren Wohlstand und Sicherheit unter diesen Bedingungen gefährdet sind und die zugleich die Chance von Wohlstandssteigerungen ungenutzt lassen. Es gibt bei realistischer Betrachtung keine zukunftssichernde friedliche Alternative zur Entwicklung von wohlstandssteigernden Märkten im „Süden". Gerade die Wirtschaft ist gefordert, dieses globale „Win-Win-Game" konstruktiv zu gestalten.

Die Überlegungen zu einem Global Marshall Plan/Planetary Contract resultieren aus der für alle Beobachter immer klarer werdenden Unhaltbarkeit der aktuellen Situation. Wenn die globale Umweltproblematik nicht entschieden angegangen wird sowie im selben Kontext Wohlstand für alle geschaffen und die unglaublich große Schere zwischen Reich und Arm geschlossen werden kann, drohen verheerende Krisen und Katastrophen, vor allem auch in Form prinzipieller Auseinandersetzungen zwischen den Kulturen. Wir nähern uns Zuständen, die nicht mehr versicherbar sind und die weitere ökonomische Entwicklung erheblich belasten. Die Zeichen der Hoffnungslosigkeit und Aggression sind zunehmend unübersehbar [87, 90, 93], nicht nur weltweit, sondern selbst vor Ort, nicht zuletzt aufgrund des durch die aktuellen Globalisierungsprozesse erzwungenen Rückbaus sozialer Leistungen in Europa, der 80 Prozent der Bevölkerung ärmer macht, auch wenn er für einen kleinen Teil der Bevölkerung durchaus erhebliche Zugewinne bringt [78, 87, 88]. Dies geht in Richtung der aktuellen weltweiten Verteilungsmuster. Dieser Trend ist nur aufzuhalten, wenn es gelingt, der Globalisierung eine andere Richtung zu geben.

Dies wurde so sogar auf dem jüngsten Jahrestreffen des Weltwirtschaftsforums in Davos diskutiert [9]. Auf ähnliche Überlegungen von Horst Köhler, bis kurz vor seiner Wahl zum deutschen Bundespräsidenten Geschäftsführender Direktor des Internationalen Währungsfonds [59], sei ebenfalls hingewiesen.

Es gibt als Folge der Globalisierung und der von den Weltordnungsbedingungen ausgehenden Wirkungen aus Sicht des Autors letztlich nur zwei Möglichkeiten: Entweder bleibt die Weltordnung so wie sie ist, dann geht der soziale Ausgleich in Europa unwiederbringlich verloren (der bisherige Rückbauprozess war dann nur der Anfang), oder aber die Weltordnung wird insgesamt stärker auf die Umsetzung sozialer Anliegen ausgerichtet. Dann kann der soziale Ausgleich in Europa und in den hoch entwickelten asiatischen Ländern auf Dauer gesichert werden, allerdings werden sich dann auch die USA wieder stärker in diese Richtung bewegen müssen.

Wer also den sozialen Ausgleich in Europa oder die besonderen Interessen von zumindest 80 Prozent der europäischen Bevölkerung vor Augen hat, wird vernünftigerweise in einen weltweiten sozialen Ausgleich und damit, als ersten Schritt, in einen Global Marshall Plan/Planetary Contract investieren. Angesichts weltweit drohender sozialer Verwerfungen, zunehmender terroristischer Aktivitäten sowie möglicher Umweltkatastrophen ist dies auch im wohl verstandenen Interesse jener Bürger, die zu den reichsten 20 Prozent der Welt gehören. Einsichtsvoller Egoismus sollte insofern neben weltethischen Überlegungen ein starker Motor für den hier verfolgten Ansatz sein.

Die weltweite Co-Finanzierung von Standards ist mit regionalen Maßnahmen geeignet in Beziehung zu setzen. Auch für die arabische Welt liegt im Umfeld des Club of Rome und des Arab Thought Forum ein ambitionierter Vorschlag eines regionen-übergreifenden Managements der Energie- und Wasserreserven vor, der ganz den hier vorgetragenen Überlegungen entspricht. Dies gilt auch für einen damit korrespondierenden

Vorschlag einer Kooperation von Europa und den südlichen An-
rainern des Mittelmeers im Energiebereich, vor allem auch mit
Blick auf den Einsatz erneuerbarer Energien [121], ein Thema
höchster Wichtigkeit angesichts der absehbaren weltweiten Nöte
im Energiebereich ab 2015 [69] und der in bedrohlicher Weise
auf weitere Verbrauchssteigerungen ausgerichteten US-Ener-
giestrategie für 2020 [92]. Der letzte Punkt wird noch irritieren-
der, wenn er im Lichte der Klimafragen und einer diesbezüg-
lichen Pentagon-Studie [103] gesehen wird.

Eine vernünftige weltweite Co-Finanzierung von Entwicklung,
verbunden mit an Nachhaltigkeitsanliegen ausgerichteten weiteren Marktöffnungen der reichen Länder, umgesetzt in enger
Wechselwirkung mit der Etablierung von Standards, bietet die
Chance, im Rahmen einer abgestimmten Entwicklung zum Vorteil aller ein Weltwirtschaftswunder zu initiieren. Dazu sind Ord-
nungsprozesse mit Wettbewerbsmechanismen geeignet zu koppeln, um humane Potenziale, Ressourcen und Infrastrukturen mit
gut durchdachten institutionellen Lösungen zu leistungsfähigen
Wertschöpfungssystemen zu verbinden.

Ein kohärentes globales Governance System

Die Verknüpfung der derzeitigen weltweiten Ordnungsstruktu-
ren mit dem Ziel der Umsetzung der Millenniumsziele der Vereinigten Nationen, auf die im nächsten Abschnitt genauer eingegangen wird, ist das zentrale Designkonstrukt für einen Global Marshall Plan/Planetary Contract. Das ist ein entscheidender
Schritt hin zu einem kohärenten globalen Ordnungsregime. Dieser Schritt ist seit langem überfällig. Ohne ihn ist eine gedeihliche weltweite Entwicklung kaum möglich. Denn nur so, im
Rahmen von Verträgen zwischen Nord und Süd, können die
durch globale Umweltbelastungen verursachten Kosten in die
Weltökonomie integriert und entsprechende Preisstrukturen erreicht werden, die ihrerseits den technischen Fortschritt in Richtung einer massiven Dematerialisierung und damit Lebensstile
in eine mit Nachhaltigkeit verträgliche Form zu transformieren

vermögen. Darüber hinaus werden durch einen solchen Schritt an vielen Stellen der Welt Wege zu besseren Regierungs-führungen eröffnet, die wiederum Voraussetzung für wirtschaft-liche und gesellschaftliche Entwicklung sind.

Jedes Land, das finanzielle Zuflüsse eines Globalen Marshall-Plans für seine Entwicklung nutzen will, muss hierfür die ILO-Standards, jene der UNESCO sowie die globalen Umweltab-kommen (Global Environmental Agreements, koordiniert durch das Umweltprogramm der Vereinten Nationen), akzeptieren und umsetzen. Damit werden im Wesentlichen auch die so genann-ten wirtschaftlichen, sozialen und kulturellen Menschenrechte (vgl. http://www.ilo.org/public/english/bureau/gender/newsite2002/standard/) materiell umgesetzt, die seit 1995 endlich denselben fundamentalen und internationalen Status besitzen wie die po-litisch-individuellen Menschenrechte [139], die in der konkreten Durchsetzung – bei allen nach wie vor bestehenden Proble-men – sehr viel weiter sind. Es wäre zu überlegen, ob diese zusätzliche Dimension von Menschenrechten explizit in einen entsprechenden Planetary Contract integriert werden muss. Ferner sollte auch das Thema einer Weltkartellbehörde und die stärkere Kontrolle von Offshore-Bankplätzen angegangen werden.

Klaus Töpfer,
Executive
Director von
UNEP

„Das Ziel von UN-Generalsekretär Kofi Annan, bis zum Jahr 2015 die absolute Armut um 50 Prozent zu halbieren, ist nur mit einer grundsätzlich veränderten Haltung der Solidarität zwischen den Ländern des Nordens und des Südens zu realisieren."

Geld allein löst keine Probleme, kann aber zumindest hilfreich sein. Deshalb steht im Zentrum des Vorschlages, dass der Nor-den durch ein Angebot der Co-Finanzierung und weitere Markt-öffnungen endlich die Voraussetzungen dafür schafft, dass auf-holende Länder ohne ökonomische Nachteile die international angestrebten Standards, die sie in der Regel längst unter-schrieben haben, aber im Konkreten dann doch in Wechsel-

wirkung mit den Konsumenten in den reichen Ländern oft un-
terlaufen, auch materiell umsetzen können. Die Nichtbeach-
tung von Standards bedeutet häufig Wettbewerbsvorteile für
ökonomisch zurückliegende Staaten. Deshalb ist es „schein-
heilig", eine Fehlinterpretation des Gleichheitsprinzips und eine
Form der Selbstbegünstigung, wenn reiche Länder Standards
von ärmeren Ländern einfordern, ohne ihrerseits zu einer Co-
Finanzierung bereit zu sein. Ohne Co-Finanzierung gibt es daher keinen auf Konsens basierenden Vertrag über die Einhaltung
von Standards und damit keine Internalisierung von Kosten im
Bereich der globalen Umwelt- und Ressourcenproblematik und
keinen ausreichenden Druck auf Dematerialisierung, Innovation
und neue Lebensstile, die mit dem Ziel einer nachhaltigen Entwicklung verträglich sind.

Ziel der Global-Marshall-Plan-Initiative ist es konsequenterweise,
die Verknüpfung der ILO-, UNESCO- und weltweiten Umweltstandards sowie gegebenenfalls weiterer Standards (Maartje
van Putten weist auf Safeguard Policies der Weltbank und ISO-
Standards [80] hin) mit der WTO, dem Internationalen Währungsfonds und der Weltbank zu einem kohärenten System der Global Governance zu bewirken. Dies muss eine geeignete rechtliche Letztzuständigkeit beinhalten, die institutionell durch Koppelung verschiedener existierender internationaler Rechtsins-
titute, vor allem dem der WTO, geleistet werden könnte. Die
Organisation dieser Letztzuständigkeit wird eine zentrale De-
signaufgabe werden. Forderungen der entwickelten Länder und
vieler NGOs nach Durchsetzung der Kern-Sozialstandards der
ILO, der weltweiten Umweltverträge und der wirtschaftlichen,
sozialen und kulturellen Menschenrechte in der WTO könnten
damit endlich erfüllt und im Rahmen der Weltwirtschaft vor allem über die Sanktionsmechanismen von WTO, IWF und Weltbank verbindlich umgesetzt werden.

Interessanterweise haben die USA, von deren Seite entsprechende Forderungen in WTO-Verhandlungen immer wieder erhoben werden, bisher nur zwei von acht Kern-ILO-Standards

ratifiziert, obwohl sie nach Einschätzung von Fachleuten alle acht erfüllen, sodass deren Ratifizierung für die USA kein Problem darstellen dürfte.

Worum geht es bei den Kern-ILO-Standards?

Folgende acht Übereinkommen wurden vom Verwaltungsrat der ILO zu grundlegenden Übereinkommen ("Kernübereinkommen") erklärt; die zugrunde liegenden Prinzipien werden als grundlegende Menschenrechte betrachtet (www.ilo.org/public/english/bureau/gender/newsite2002 /standard/)

■ Übereinkommen (Nr. 87) über die Vereinigungsfreiheit und den Schutz des Vereinigungsrechtes, 1948
(Recht aller Arbeitnehmer und Arbeitgeber, aus freien Stücken Interessenvertretungen zu gründen und diesen beizutreten; Sicherung der Handlungsfähigkeit dieser Organisationen ohne staatliche Eingriffe)

■ Übereinkommen (Nr. 98) über die Anwendung der Grundsätze des Vereinigungsrechtes und des Rechtes zu Kollektivverhandlungen, 1949
(Schutz vor Diskriminierung wegen Zugehörigkeit zu einer Interessenvertretung; Schutz der Arbeitgeber- und der Arbeitnehmerorganisationen vor gegenseitigen Eingriffen; Maßnahmen zur Förderung von Kollektivverhandlungen)

■ Übereinkommen (Nr. 29) über Zwangs- und Pflichtarbeit, 1930
(Forderung nach Beseitigung jeglicher Form von Zwangsarbeit; bestimmte Ausnahmen im militärischen Bereich, bei Strafgefangenen und in Notfällen wie Kriegen, Großfeuern oder Erdbeben)

■ Übereinkommen (Nr. 105) über die Abschaffung der Zwangsarbeit, 1957
(Verbot jeglicher Zwangsarbeit als Mittel politischen Zwangs

oder politischer Erziehung, als Bestrafung für die Äuße-
rung politischer oder ideologischer Ansichten, zur Mobilisierung der Arbeitskraft oder als Bestrafung für die Teilnahme an Streiks)

- Übereinkommen (Nr. 111) über die Diskriminierung in Beschäftigung und Beruf, 1958
(Beseitigung von Diskriminierung beim Zugang zur Beschäftigung, bei Ausbildung und Arbeitsbedingungen, aufgrund von Rasse, Hautfarbe, Geschlecht, Religion, politischer Meinung, nationaler oder sozialer Herkunft; Sicherung von Chancengleichheit und Gleichbehandlung)

- Übereinkommen (Nr. 100) über die Gleichheit des Entgelts
männlicher und weiblicher Arbeitskräfte für gleichwertige
Arbeit, 1951
(Gleiche Entlohnung für Männer und Frauen bei gleich-
wertiger Arbeit)

- Übereinkommen (Nr. 138) über das Mindestalter für die
Zulassung zur Beschäftigung, 1973
(Beseitigung von Kinderarbeit; das Mindestalter zum Zu-
gang zur Beschäftigung sollte nicht geringer sein als das
Alter, mit dem die allgemeine Schulpflicht endet)

- Übereinkommen (Nr. 182) über das Verbot und unverzügliche Maßnahmen zur Beseitigung der schlimmsten Formen
der Kinderarbeit, 1999
(Unverzügliche und effiziente Maßnahmen zur Sicherstellung der Verhinderung und der Beseitigung der schlimmsten Formen von Kinderarbeit)

In Bezug auf die Überwindung von Kinderarbeit, ein Kernanliegen der ILO, sind folgende Hinweise aus [129] hilfreich:

Eine Studie der International Labour Organization zeigt auf,
dass die Erträge aus der Beseitigung von Kinderarbeit nahe-

zu siebenmal größer sein werden als die Kosten. Eine dahin-
gehende Schätzung beläuft sich auf 5,1 Billionen US-Dollar in
den Entwicklungs- und Übergangsländern, wo man die meiste
Kinderarbeit verzeichnet. Die Studie, die von dem Internationalen Programm zur Beseitigung der Kinderarbeit (IPEC) der ILO
durchgeführt wurde, besagt, dass Kinderarbeit, die jedes sechs-
te Kind auf der Welt trifft, bis zum Jahr 2020 beseitigt und zu
geschätzten Gesamtkosten von 760 Milliarden US-Dollar durch
eine universelle Ausbildung ersetzt werden kann. Die ILO geht
davon aus, dass zum jetzigen Zeitpunkt ungefähr 246 Millionen
Kinder weltweit von Kinderarbeit betroffen sind. Davon sind
179 Millionen oder weltweit jedes achte Kind den schlimmsten
Formen von Kinderarbeit ausgesetzt, jenen nämlich, die ihr kör-
perliches, geistiges oder moralisches Wohlbefinden gefährden.

Im Rahmen der Studie wird festgestellt, dass im Vergleich zu
anderen sozialen Kosten, wie etwa der Finanzierung des Schuldendienstes oder des Militärs, die durchschnittlichen jährlichen
Kosten zur Beseitigung von Kinderarbeit viel geringer sind. Beispielsweise machen die durchschnittlichen jährlichen Kosten
von 95 Milliarden US-Dollar ungefähr 20 Prozent der laufenden Militärausgaben in Entwicklungs- und Übergangsländern
oder 9,5 Prozent des Schuldendienstes der Entwicklungsländer
aus. In der Studie wird argumentiert, dass die Kosten eine
„kluge Investition" seien, da jedes zusätzliche Schuljahr, begin-
nend mit einer universellen Ausbildung bis hin zum Alter von
14 Jahren, elf Prozent an Einnahmen pro Jahr bringt, was globale Erträge von mehr als fünf Billionen US-Dollar produziert.
Auf der Kostenseite macht die Bereitstellung der Ausbildung
nahezu zwei Drittel der Gesamtkosten aus.

**Bevölkerungsproblematik und Millennium Development
Goals**

Die Initiative Globaler Marshall-Plan zielt als Zwischenschritt
hin zu einer weltweiten Ökosozialen Marktwirtschaft auf die
Umsetzung der UN Millennium Development Goals bis zum

Jahr 2015, auf die im nächsten Abschnitt genauer eingegangen wird. Aus Sicht vieler Beobachter, auch des Autors, besteht ein extrem enger Zusammenhang zwischen einer möglichen Erreichung der Millennium Development Goals und einem entschlossenen Angehen der Frage der Weltbevölkerungsentwicklung [1, 18, 19, 51, 54, 69, 83]. Die Bevölkerungsentwicklung ist seit jeher eine Schicksalsfrage für die Menschheit. Hier steht die Umkehr der bisherigen Wachstumstrends unvermeidbar an [54]. Unter dem Begriff der gesunden Fortpflanzung ist das Thema der Steuerung der eigenen Nachkommenszahl auf Ebene der Vereinten Nationen als ein Menschenrecht verankert. Wesentliche Stichworte sind Women Rights, Child Spacing, Reproductive Rights etc. Mit UNFPA (www.unfpa.org) verfolgt eine leistungsfähige UN-Unterorganisation das Thema und hat viel zur weltweiten Sensibilisierung für diese Thematik beigetragen. Die International Planned Parenthood Federation [51] arbeitet mit mehr als 150 Familienplanungsorganisationen weltweit in mindestens 180 Ländern mit dem Ziel der Förderung der sexuellen und reproduktiven Gesundheit, der Entscheidungsfreiheit und der Rechte von Männern, Frauen und jungen Menschen zusammen.

Ein Schlüsselereignis war in diesem Kontext die Weltbevölkerungskonferenz in Kairo 1994. Damals haben 179 Staaten ein wegweisendes Aktionsprogramm beschlossen. Bis zum Jahr 2015 sollte allen Menschen der Zugang zu einem breiten Angebot an Familienplanung und eine begleitende Gesundheitsversorgung offen stehen. Viel wurde in dieser Zeit erreicht, aber manches auch nicht. Vor allem formiert sich zwischenzeitlich, vor allem auch in den USA, ein konservativer, teils religiösfundamentalistischer Widerstand gegen die damals erreichten Ziele. Konsequenterweise wurden insbesondere die benötigten und in Kairo vereinbarten Geldmittel nicht aufgebracht. Die Ausgaben sollten (vgl. [18, 19]) auf jährlich 17 Milliarden US-Dollar bis zum Jahr 2000 steigen, bis 2005 auf 18,5 Milliarden und bis 2015 auf 21,7 Milliarden Dollar. Davon sollten etwa zwei Drittel die Entwicklungsländer selbst und ein Drittel die Industrieländer

übernehmen. Aber die Zahlungsmoral der reichen Welt lässt,
wie so oft, zu wünschen übrig. Im Jahre 2001 stellten die Industrieländer insgesamt 2,5 Milliarden US-Dollar zur Verfügung –
also weit weniger als die Hälfte der vereinbarten Summe. In den
Entwicklungsländern beliefen sich die Ausgaben auf runde 7,1
Milliarden Dollar. Das entspricht 63 Prozent des zugesagten
Beitrags für das Jahr 2000. Wichtig wäre daher die Erhöhung
des Beitrags auf Seiten der reichen Länder in den kommenden
Jahren um drei bis vier Milliarden US-Dollar. Hierauf wird in den
weiteren Überlegungen zur Finanzierung des Globalen Marshall Plans noch einmal hingewiesen.

aus:
Millennium
Development
Compact
[126]

> Nationale Strategien zu den Millennium Development
> Goals müssen Vereinbarungen beinhalten, die das Recht
> der Frauen auf Bildung, Gesundheit, Eigentum, Sicher-
> heit und Partizipation an der Arbeitswelt garantieren.

Angesichts seiner zentralen Bedeutung wird die Bevölkerungs-
thematik international von engagierten Personen und Organisationen aufgegriffen, wenn auch immer noch nicht in ausrei-
chendem Umfang. Aus dem Umfeld, mit dem der Autor persönlich vertraut ist [94], sei hier die internationale rotarische
Initiative zu Bevölkerungsfragen und Entwicklung (Rotarian Fellowship for Population and Development RFPD) (www.rfpd.de;
www.rifpd.org) genannt, ebenso die Deutsche Stiftung Weltbevölkerung (www.dsw-online.de) und international das Population Institute in Washington (www.populationinstitute.org). Neu-
erdings engagieren sich Parlamentarier in aller Welt für Population and Development.

Die United Nations stellen diesen Zusammenhang zwischen
der Bevölkerungsfrage und den Millenniumszielen der Vereinten Nationen sehr detailliert heraus [123], ebenso das deutsche
Bundesministerium für wirtschaftliche Zusammenarbeit und Entwicklung in einem BMZ-Spezial zum Thema „Sexuelle und reproduktive Gesundheit (SRG)" [15].

Es ist bedauerlich, dass religiöse Fundamentalisten an vielen
Stellen dieser Erde, vor allem in den USA, seit einigen Jahren
internationale Strategien zur Durchsetzung reproduktiver Rechte
von Menschen in ärmeren Ländern und damit den Konsens
von Kairo torpedieren und darauf abzielen, den Menschen in
der armen Welt vorzuenthalten, was in der reichen Welt selbst-
verständlich ist, nämlich als Mensch selber über die eigene
Kinderzahl bestimmen zu dürfen und dafür dann auch benötigte Informationen und technische Hilfsmittel verfügbar zu haben. Die USA waren in diesem Kontext der einzige Staat, der
sich auf der im April in Genf durchgeführten Jahreskonferenz
der UN-Menschenrechtskommission explizit gegen das Menschenrecht auf reproduktive Selbstbestimmung gestellt hat.
Das wurde dann später korrigiert. Die Deutsche Stiftung Weltbevölkerung veröffentlichte hierzu folgende Pressemitteilung
(http//www. weltbevoelkerung.de/pressetexte.html):

UNO bestätigt Menschenrecht auf Familienplanung
Auch EU-Parlament beschließt:
Jeder Mensch hat ein Recht auf Aufklärung und Verhütung.
Genf/Hannover/Straßburg, am 26. April 2004.

Mit überwältigender Mehrheit hat die Menschenrechts-
kommission der Vereinten Nationen das Menschenrecht
auf Gesundheit, einschließlich des Rechts auf Aufklärung
und Verhütung, bestätigt. Mit nur einer Gegenstimme
wurde die Resolution angenommen, die jedem Menschen
das Recht auf reproduktive Selbstbestimmung zuspricht.
Als einzige Nation stimmten die Vereinigten Staaten
gegen die Resolution.
„Für Millionen Menschen in Entwicklungsländern ist es
überlebenswichtig, dass sie sich vor Aids und ungewoll-
ten Schwangerschaften schützen und entsprechende
Gesundheitsversorgung nutzen können", erklärt die stell-
vertretende Geschäftsführerin der Deutschen Stiftung
Weltbevölkerung (DSW), Renate Bähr. „Die Haltung der
USA ist für uns nicht nachzuvollziehen (...)."

Durch Vorenthaltung der reproduktiven Selbstbestimmungs-
rechte wird großes Leid über Hunderte von Millionen von Menschen und ihre Kinder gebracht; ein Desaster für viele Frauen
vieler Länder, deren Kinder und Familien. Und natürlich werden
auf diese Weise die Entwicklungsperspektiven ganzer Länder
und Erdteile ausgehebelt. Die fundamentalistische Gegner-
schaft, vor allem von einflussreichen Kräften in den USA aus
dem „Bibelgürtel", ist auch der tiefere Grund dafür, dass das
Thema der Bevölkerungsentwicklung in den Millenniumsziel
der Vereinten Nationen nicht so klar und offen angesprochen
wird, wie dies von der Sache her angemessen wäre. Stattdessen
wird dort (nur) auf Ziele wie die Reduktion der Kindersterblichkeit bzw. auf Ausbildung und gleiche Rechte für Frauen verwiesen, die alle positiv mit der Durchsetzung reproduktiver Rechte korreliert sind. Sollte eine direkte Adressierung auch in Zukunft schwierig bleiben, wäre es gerade im Rahmen der Global-Marshall-Plan-Initiative wichtig, dass künftig die Mehrheit
der einsichtsvollen Geberländer über nationale Förderprogramme
oder z. B. auch im Kontext des Transfers von Sonderziehungsrechten des IWF, wie unten beschrieben, für eine noch weiter-
gehende Einbeziehung entsprechender Programmteile in die
weltweite Entwicklungszusammenarbeit Sorge tragen – wenn
denn die angestrebten Entwicklungsziele bis 2015 erreicht werden sollen.

Wie ist die Situation bei den Umweltstandards?

Es gibt die bisher nach Meinung mancher Beobachter nicht abschließend getestete Rechtsposition [77], dass alle weltweiten
Umweltverträge bereits heute für die WTO bindend sind, auch
wenn dies überwiegend mit großer Skepsis gesehen wird. In
dem hier präsentierten Vorschlag für einen Global Marshall-Plan
würden Unsicherheiten zu diesem Thema beseitigt, indem die
Beachtung dieser Standards explizit in die Regelwerke der WTO
inkorporiert werden würde. Was heißt das nach Verabschiedung eines Globalen Marshall-Plans dann aber für die USA,
wenn diese dem Kyoto-Protokoll nicht beitreten, dieses aber bis

dahin in Kraft getreten sein sollte? Solche Details wird man klären müssen, wenn ein Planetary Contract Wirklichkeit werden soll. Die Designfrage über die Integration einer Vielzahl von globalen Regimen zu einem kohärenten Global Governance System stellt eine große intellektuelle Herausforderung dar. Hier werden die Fachleute gefordert sein. Denn die Chancen für einen Konsens über einen Globalen Marshall Plan hängen entscheidend davon ab, dass ein überzeugendes Design gelingt.

Wie in [97] ausgeführt wird, ist es dabei als Teil eines solchen Vertrags besonders vordringlich, künftig die Lebensbedingungen der ärmsten Menschen, die in ihrer Not für ihr Überleben und Wohlergehen direkt von einem intakten Habitat abhängen, vor einem zerstörerischen Zugriff der Weltökonomie (z. B. Dammbau oder Rohstoffabbau ohne geeignete soziale Flankierung) geeignet zu schützen. Praktisch bedeutet das, dass zumindest adäquate Kompensationen auf nationaler Ebene im Rahmen von Umsiedlungsmaßnahmen geleistet werden müssen. Dies müsste gegebenenfalls vor dem hier vorgeschlagenen Rechtsinstitut des zu etablierenden Global Governance Systems, und damit mittelbar über die WTO-Gerichtsbarkeit, nachprüfbar und sanktionierbar sein.

Es ist an dieser Stelle interessant zu vermerken, dass eine ähnliche Diskussion zu jener in [97] von NGOs und der kirchlichen Seite heute auch in Zusammenhang mit der Verpflichtung reicher Länder gemäß dem internationalen Pakt über wirtschaftliche, soziale und kulturelle Menschenrechte (IPWSKM) geführt wird [139]. Die reichen Länder argumentieren hier üblicherweise zurückhaltend, wenn aus diesem Pakt Verpflichtungen zur Co-Finanzierung, zum Beispiel im Kampf gegen Hunger, abgeleitet werden. NGOs argumentieren gegen solche Einwände zu Recht, dass dann von Seiten der reichen Länder, wenn schon keine zusätzlichen Mittel für Entwicklung aufgebracht werden, nach internationalem Recht dann zumindest keine solchen Entwicklungen weltweit finanziell gefördert werden dürfen, die

ihrerseits Menschen vor Ort die elementarsten Rechte der genannten Art nehmen. Das gilt im Einzelfall z. B. für Exportförde-
rungen, etwa in den Bereichen Dammbau, Minenprojekte, aber
möglicherweise auch Landwirtschaft und Fischerei, wenn keine
ausreichenden korrespondierenden Ausgleichs- und Kompensationsmaßnahmen im Ort für die negativ Betroffenen solcher
„Entwicklungsprojekte" vor Ort sichergestellt werden. Mit solchen Förderungen wirkt der reiche Norden aktiv zum Schaden
vieler ärmerer Menschen auf diesem Globus. Das kann in Zukunft in dieser Form nicht länger akzeptiert werden und sollte
im Rahmen eines Global Marshall-Plans grundsätzlich ausgeschlossen werden.

Dabei sei an dieser Stelle vermerkt, dass die angesprochene
Thematik natürlich auch heute schon bei der Beurteilung und
Finanzierung internationaler Entwicklungsvorhaben Berücksichtigung findet. Entsprechende Prüfungen gehören zum Standard-
repertoire der Kreditvergaben der Weltbank. An dieser Stelle
sei auf die so genannten „Equator Principles" verwiesen. Maartje
van Putten [80] schreibt hierzu:

Maartje van Putten [80]

„Die Equator Principles sind eine Initiative der 20 derzeit
führenden Privatbanken (Credit Suisse Group, ABN-
AMRO Bank, Dresdner Bank, City Group, Barclays plc,
Royal Bank of Canada etc.). Diese Banken decken laut
vorliegenden Informationen im Bereich der Privatkredite
rund 80 Prozent der Kreditgewährung für den privaten
Sektor in Entwicklungsländern ab. Diese Prinzipien verpflichten die unterzeichnenden Banken, die von der International Finance Corporation (IFC) der Weltbankgruppe
herausgegebene Umwelt- und soziale Sicherheitspolitik
einzuhalten. Da dies eine Initiative im Bereich von Finanztransaktionen im privaten Sektor ist, könnte sie im Global
Marshall Plan berücksichtigt werden."

In der praktischen Umsetzung ist es aber vielleicht doch so,
dass man sich dabei letztlich sehr stark auf Aussagen der je-

weiligen Regierungen verlässt. Und die Situation der Betroffenen, z. B. bei Umsiedlungsmaßnahmen, ist dann oftmals real doch eine andere, als es auf dem Papier dargestellt wird. Deshalb ist die hier vorgeschlagene rechtliche Überprüfbarkeit und Klagemöglichkeit Betroffener auf der zu etablierenden Global Governance-Ebene von zentraler Wichtigkeit. Die Weltbank hat die Problematik übrigens selbst erkannt, ein Inspection Panel zu der Thematik eingerichtet und adressiert dies auch in ihrer Strategie für die Wechselwirkung mit Civil Society Organisationen [119]. Maartje van Putten, Mitglied des Inspection Panel der World Bank, gibt folgende interessante Hinweise [80]:

> „Die Weltbank war in der Tat die erste internationale Organisation, die im Jahr 1993 eine unabhängige Plattform, das so genannte „Inspection Panel", ein Dreipersonen-Gremium, einrichtete – dies für Privatpersonen, die glauben, dass sie durch ein von der Weltbank finanziertes Projekt geschädigt werden oder geschädigt werden könnten. Diese zehnjährige Erfahrung könnte von Nutzen sein, wenn eine europäische Initiative zur Etablierung eines internationalen Rechtsorgans gestartet wird."

Maartje van Putten [80]

Sie fragt weiter nach der Rolle anderer internationaler Entwicklungsbanken:

> „Eine weitere offene Frage ist, was die anderen internationalen Finanzinstitute oder Entwicklungsbanken machen könnten, gemeint sind damit die Asian Development Bank (ADB), die Inter-American Development Bank (IDB), die Europäische Bank für Wiederaufbau und Entwicklung (EBRD) und die African Development Bank."

Maartje van Putten [80]

Schließlich müssten als Teil der geforderten Standards die Regierungen vor Ort in vielen Fällen deutlich mehr an guter nationaler Governance leisten, als das bisher der Fall ist. Nur unter dieser Voraussetzung kommen deshalb diese Länder in dem hier präsentierten Vorschlag als Empfänger von Mitteln eines

Planetary Contract in Frage. Dabei sind Übergangsphasen für institutionelle Anpassungsmaßnahmen und für ein „Capacity Building", ähnlich dem Kandidatenstatus von Staaten im Rahmen von EU-Erweiterungsprozessen, sinnvoll zu vereinbaren. Bei der Frage, wer als Empfänger von Mitteln in Frage kommt, könnte – auch orientiert an Erfahrungen der EU beim Einsatz der Strukturfonds – der Hinweis von Maartje van Putten [80] wichtig sein:

Maartje van Putten [80]

„Schließlich möchte ich die Frage stellen, wer von den Fonds profitieren wird? Wie aus dem Dokument klar herausgeht, müssen die zur Verfügung gestellten Mittel verwendet werden, um die Kluft zwischen Arm und Reich auf der Welt zu schließen. Die gegenwärtigen Aktivitäten der Entwicklungsinstitutionen basieren hauptsächlich auf den OESO-DAC-Normen. Bestimmte Länder werden als Entwicklungsländer eingestuft, andere gehören der entwickelten Welt an. Doch diese Unterteilung ist nicht mehr exakt. Armut und sogar Hunger existieren, wie wir wissen, auch innerhalb Europas und der Vereinigten Staaten. Man könnte schneller globale Unterstützung für die Initiative erlangen, wenn dieses Phänomen anerkannt würde. Mir ist bewusst, dass dadurch das Problem oder Risiko besteht, dass das Geld eher für Zwecke verwendet wird, die durch andere nationale Mittel abgedeckt werden sollten. Trotzdem ist zumindest die Anerkennung der Kluft überall wichtig. Diese versteckte Armut könnte genauso gut zu denselben Risiken führen, die wir anderswo beobachten können."

Geschieht all dies in der in EU-Erweiterungsprozessen typischen Weise, dann bieten die vergleichsweise hohen Wachstumspotenziale aufholender Länder gute Perspektiven für die Überwindung der Armut [78]. Als Nebeneffekt ergibt sich daraus die Herstellung von mehr sozialer und kultureller Balance auf dieser Erde, ein seit langem überfälliger Schritt. Diese Wachstumspotenziale können unter Beachtung von globalen Nach-

haltigkeitsanliegen bei Umweltbelastungen und Ressourcenverbrauch dann erreicht werden, wenn es gelingt, geeignete Rahmenbedingungen zu schaffen, wenn Unternehmertum, gute Verwaltung und Rechtspflege massiv gefördert werden und all dies
kofinanziert wird. Auf Seiten der entwickelten Länder muss dies
unbedingt weitere, abgestimmte Marktöffnungen beinhalten,
auf Seiten der aufholenden Länder kann dies ebenso tempo-
rär auch gewisse Abschottungsmaßnahmen erfordern (hier sollte die WTO flexibler werden als das bisher der Fall ist). Freilich
können nicht bereits am Anfang volldemokratische Bedingungen vorausgesetzt werden. Hier sei exemplarisch auf die His-
torie von Staaten wie Singapur, Taiwan, Korea oder China,
aber auch viele der heute reichen Länder verwiesen. In dem
beschriebenen Kontext müssen Weltverträge dann gleichzeitig die Begrenzung weltweiter Ressourcenverbräuche und Umweltbelastungen, z. B. über die Internalisierung der wahren Kosten in Preisstrukturen, sichern, um die erforderlichen Wachs-
tumsprozesse in einer mit Nachhaltigkeit verträglichen Weise
zu steuern und entsprechende technische Innovationen und
neue Formen von Lebensstilen zu fördern.

> „Die Industrieländer betreiben eine protektionistische Politik,   *Kofi Annan*
> während sie den freien und fairen Welthandel predigen."   *[4]*

Insofern ist der weltweite Schutz der Umwelt unter abgestimmten weltweiten Bedingungen für den hier gewählten Ansatz unverzichtbar. Dadurch wird der weitere technische Fortschritt, der
für die Bewältigung der vor uns liegenden Probleme ein Schlüs-
selfaktor ist, in Richtung auf eine deutlich höhere Dematerialisierung gelenkt (Faktor 4-/Faktor 10-Konzepte/Ökoeffizienz)
[102, 134]. In diesem Kontext wird auch die Organisation von
Bedingungen, die Stoffkreisläufe im Bereich industrieller Produk-
tion fördern, wichtig sein, ebenso die Thematisierung von Ideen
wie Ökoeffizienz und Ökoeffektivität [10, 11]. Es sind Produk-
tionsprozesse anzustreben, die die Produkte zu einem Teil
eines biologischen oder eines technischen Kreislaufes werden lassen.

Über die geforderten Ordnungsbedingungen werden zugleich die oben bereits angesprochenen Bumerangeffekte [73, 87] des technischen Fortschritts vermieden. Asymmetrische Wachstumsraten, die im Süden über viele Jahre bei sechs bis zehn Prozent liegen können, während im Norden kaum mehr als zwei Prozent möglich sind, lassen auf Dauer einen weltweiten sozialen Ausgleich, wie heute in Europa erreicht, als möglich erscheinen [69, 87], aber nur bei Einsatz geeigneter Co-Finanzierungsmittel, die insbesondere auch auf die Etablierung geeigneter innerstaatlicher Bedingungen einschließlich Good Governance und einem ausreichenden sozialen Ausgleich zielen müssen. Mehr Ausgleich ist also sowohl ein Thema zwischen Staaten als auch in vielen Ländern ein innerstaatliches Thema. Dies kommt insbesondere in dem in [86, 87] entwickelten 10~> 4 : 34-Konzept eines weltweiten sozialen Ausgleichs zum Ausdruck. Derartige Entwicklungen sind ein wesentliches Anliegen des hier präsentierten Vorschlages für einen Globalen Marshall-Plan/Planetary Contract.

Finanzielle Unterstützung muss mit klaren Auflagen versehen werden. Korruption und Kapitalflucht müssen bekämpft und möglichst ausgeschlossen werden. Unterstützung und Honorierung von entwicklungsfördernden Lösungen sind angesagt. Vor allem muss die sozioökonomische Entwicklung von unten gefördert werden (Kleinkredite, Förderung der Landwirtschaft, Förderung von Frauen, Bildungsprogramme, Gesundheitsprogramme, Einbeziehung von NGOs). Bildung und Ausbildung, insbesondere auch von Frauen, sind Schlüsselthemen.

Der Mitteleinsatz erfordert eine neue Logik

Neben einem kohärenten Governance-System (mit einer Ankerrolle der WTO), weiteren Marktöffnungen und ausreichenden finanziellen Ressourcen und intellektuellen Beiträgen ist eine dritte Dimension für einen Globalen Marshall-Plan entscheidend, nämlich eine neue und bessere Art der Mittelverwendung. Die Ermöglichung von Entwicklung ist nicht einfach. Guter Wille und Geld reichen nicht aus. Hier wurde in den letzten Jahrzehnten viel Lehrgeld bezahlt. Sicher sind die Konzepte der Entwicklungshilfe in den letzten Jahren deutlich verbessert worden, sicher haben IWF und Weltbank viele neue Ansätze entwickelt. Dennoch sollten neue Mittel für internationale Entwicklung, wie sie durch einen Global Marshall Plan/Planetary Contract verfügbar gemacht werden würden, nach einer neuartigen Logik eingesetzt werden. Es geht dabei also nicht um den Ausbau der heutigen zwischenstaatlichen Entwicklungsförderung, auch wenn diese weiterhin ihre Rolle haben wird. Was neue Ansätze betrifft, kann auf vielfältige Erfahrung der vergangenen Jahre und Jahrzehnte aufgebaut werden, die mittlerweile auch ihren Niederschlag in der Wissenschaft gefunden haben (vgl. [39]).

So ergeben sich wichtige Konsequenzen für die Entwicklungspolitik und die Entwicklungszusammenarbeit, wenn man die Sicht der Neuen Entwicklungsökonomik einnimmt. Sie lässt die unrealistischen Grundannahmen des neoklassischen Wettbewerbsmodells hinter sich und berücksichtigt Marktmacht, spill-overs, unvollkommene Information, institutionelle Rahmenbedingungen und die Probleme der Durchsetzbarkeit von Empfehlungen im politischen Prozess. Dabei wird das traditionelle Standardmodell nicht durch ein einziges neues Modell, sondern durch unterschiedliche Theorieansätze ersetzt, um sich den immer komplexeren Problemstellungen von verschiedenen Seiten zu nähern. Prominente Vertreter dieser Richtung sind die neue Wachstums- und Außenhandelstheorie, die Neue Wirtschaftsgeografie, die Neue Politische Ökonomie und die Neue Institutionenökonomie. Diese bewähren sich besonders in der Entwicklungsländerforschung, weil sich dort die traditionellen Annahmen vollkommener Märkte und eines optimal funktionierenden politischen Transmissionsmechanismus als besonders unrealistisch erwiesen haben.

Von der Implementierungsseite sollten dabei Bottom-Up-Ansätze à la Grameen Bank und der Kleinkreditbewegung [145] ebenso in ein Lösungsdesign einfließen wie die weitreichenden Überlegungen von Hernando de Soto [17] zur Eigentumsbildung in ärmeren Ländern oder des Nobelpreisträgers für Wirtschaftswissenschaften, Amartya Sen, [104] zur Überwindung der Armut durch Ermöglichung von Eigeninitiativen der Betroffenen. Überlegungen des Nobelpreisträgers für Wirtschaftswissenschaften, Joseph E. Stiglitz, [115] sowie des UN-Sonderberichterstatters für das Recht auf Nahrung, Jean Ziegler, dessen tiefe persönliche Einsichten in IWF- und WB-Prozesse wesentlich in seine Äußerungen eingeflossen sind [146], bilden ebenso einen wertvollen Fundus für Designfragen.

Wie Ralf Klemens Stappen in einer Stellungnahme zu der Initiative Global Marshall Plan ausführt [112], sind alle Überlegungen und der Einsatz neuer Finanzmittel in den Rio- und Johannesburg-Nachfolgeprozess einzubetten. Die weit in die Zukunft reichende Agenda 21 kann dabei als Handlungsrahmen für die weitere Entwicklung zugrunde gelegt werden. Hier ist für 2016/2017 ein größeres internationales Review angedacht. Ein Global Marshall Plan wäre in diesem Sinne eine Fortschreibung der Agenda 21. Zusätzliche Geldmittel sollten in dieser Logik unter anderem zur Anreicherung der Global Environmental Facility genutzt werden. In der Sicht von P. Johnston [53] sind die Voraussetzungen für Auslandsinvestitionen in sich entwickelnden Ländern zu verbessern. Hier liegen große Potenziale für Entwicklung, vor allem wenn Prinzipien der Corporate Social Responsibility beachtet werden. Die Rücküberweisungen von Emigranten in ihre Heimatländer haben heute ein höheres Volumen als die internationale Entwicklungshilfe. Sie üben vielfältige positive Wirkungen aus. Finanzielle Hilfen müssen zudem auf angepasste neue, mit Nachhaltigkeit verträgliche Strukturen hin ausgerichtet sein; es kann nicht darum gehen, die nicht mit Nachhaltigkeit verträglichen Strukturen des Nordens zu kopieren. Vielmehr geht es um Entkoppelung von Wachstum und Ressourcenverbrauch. Statt Geld wird deshalb unter Umständen Wissens- und Technologietransfer eine große Rolle spielen. In diesem Zusammenhang sind neue Entwicklungen im Zusammenhang mit den Eigentumsstrukturen bei Software wie Opensource von großem Interesse, sie werden aber auch hart bekämpft. Wolfgang Heidrich berichtet in diesem Kontext von einer anderen interessanten Initiative im Bereich Innovationskultur unter Ausnutzung der Möglichkeiten des Internets [43]. Mit dem vorgeschlagenen Ansatz können die Innovationsfaktoren Wissen über neue Technologien, humane Potenziale wissenschaftlich-technische Infrastrukturen und Prozesswissen über den Ablauf von Innovationsprozessen effizient zusammengeführt werden.

Mit einer standardisierten globalen Plattform für Innovations-Technologie (http:\\ibitz.biz), die aus autonomen regionalen fachlichen Teilbörsen aufgebaut ist, werden neue Möglichkeiten regionaler Wirtschaftsentwicklung erschlossen, wenn lokale Zukunftsstrukturen in Verbindung mit innovationsorientierten Expertennetzen konsequent genutzt werden. Der Aufbau eines solchen Netzwerkes ist in Vorbereitung. Neue globale innovative Partnerschaften, die auf dem Einsatz kreativer Arbeit und der „Sondernutzung von wissenschaftlich-technischer Infrastruktur" beruhen, sind geeignet, bei fairer Beteiligung der Akteure am wirtschaftlichen Erfolg unter Minimierung des Kapitaleinsatzes insbesondere in der Startphase die Anzahl von Innovationsoptionen für die Wirtschaftsentwicklung in Regionen deutlich zu steigern, und zwar sowohl im Süden als auch im Norden des Globus. Freiräume für innovatives und unternehmerisches Handeln, steuerliche Anreize für „Investivarbeit in Innovationsprozesse" und die „Sondernutzung von wissenschaftlich-technischen Infrastrukturen" können (gemäß der Überlegungen von W. Heidrich) die Entwicklung einer auf „kreativem Labourismus" beruhenden globalen Innovationskultur und den Wandel der gegenwärtigen Marktwirtschaft zu einer Öko-sozialen Marktwirtschaft im Rahmen des Global Marshall-Planes wesentlich verstärken.

Maximilian Gege [29] sieht große Chancen in der Mobilisie-

rung der Bürger, z. B. über öffentliche Fonds, die auf die Förderung von Zukunftsfähigkeit und Nachhaltigkeit ausgerichtet
sind. Solche Fonds könnten wirkungsvolle Mechanismen mit
großer Hebelwirkung sein, die im Rahmen eines Global Marshall-Plans hoffentlich aktiviert werden können. Peter Hesse
führt zu Fragen der Nutzung von Co-Finanzierungsmitteln Folgendes aus [45]:

Peter Hesse
[45]

„Die im Global-Marshall-Plan-Konzept vorgesehene Co-
Finanzierung von sinnvollem staatlichen Verhalten zur
Einführung und Einhaltung von Sozial- und Umweltstandards mag durch Ausgleichszahlungen an Staaten dort
gelingen, wo sich Regierungen um „Good Governance",
um transparente und effiziente Verwaltung, erfolgreich
bemühen, nicht jedoch in Staaten mit korrupten Regimen.
Wirksame Armutsminderung und elementare soziale
Notdienste funktionieren deshalb vielfach über keine
staatlichen Kanäle, obwohl dies Staatspflicht sein sollte.
Hier können und müssen direkte Wege für wirksame
Hilfe zur Selbsthilfe der letztlich Betroffenen gefunden
werden. Dies erfordert Transparenz und Kontrolle sowie
Menschen, Mittler, „facilitators", die mit ehrlichem Engagement direkt an der und für die Basis tätig sind. Diese
können und sollten in den Ländern, deren Not leidender
Bevölkerung geholfen werden soll, um sich selbst zu
helfen – kulturell kompetent – nah an der Basis gefunden
und eingesetzt werden. Ergänzend müssen jedoch für
die Übermittlung von außen zufließender Mittel an die
betroffene Bevölkerung vertrauenswürdige Helfer der Geldgeber eingesetzt werden."

In diesem Zusammenhang verweist Hesse insbesondere auf
die positiven Erfahrungen mit dem unter seiner Mitwirkung ent-
standenen Konzept „Partnerschafts-Helfer-Modell" und dessen
Fortentwicklungen.

Auf weitere Notwendigkeiten sei hier verwiesen. Dazu gehört

dringend die Verbesserung der weltweiten Informationslage im Bereich diverser sozio-ökonomischer Parameter in Koppelung mit digitaler karteographischer Information. Diese unter dem Begriff Digitial Earth bekannte Thematik [60, 61], die wie die Global-Marshall-Plan-Idee ebenfalls durch den früheren US-Vizepräsidenten Al Gore einen wichtigen Impuls erhalten hat [36], verlangt viel mehr Aufmerksamkeit, wenn ein Rahmen für eine nachhaltige Entwicklung geschaffen werden soll. Immerhin gibt es aber erste Schritte, auf die aufgebaut werden kann. Insbesondere muss sichergestellt werden, dass die heutigen Möglichkeiten, z. B. im Rahmen satellitengestützter Informationserfassung und -bereitstellung, nicht nur für militärische Belange und Sicherheitszwecke, sondern auch für die Förderung einer nachhaltigen Entwicklung genutzt werden. Das europäische Geopositionierungssystem Galileo bietet an dieser Stelle neue Chancen.

Schließlich sei hier auch auf die weitreichenden Überlegungen von George Soros [109] verwiesen, der einen Wettbewerb um Finanzmittel zur Co-Finanzierung privater Initiativen vorschlägt. Eine entsprechende neutrale Jury soll beim IWF institutionell verankert werden, aber von den Entscheidungsstrukturen des IWF materiell unabhängig ihre Vergaben vornehmen.

Wichtig sind ebenso viele Beobachtungen zur Notwendigkeit angepasster Technik. Es ist offensichtlich in vielen Fällen keine geeignete Lösung, Großtechnologien reicher Länder in sich entwickelnde Länder zu verpflanzen. Vielmehr geht es auch um die Generierung von Beschäftigung und um die graduelle individuelle Entwicklung von Milliarden vergleichsweise armer Menschen mittels einer den jeweiligen Verhältnissen angepassten Technik. Landwirtschaft wird dabei über lange Zeit eine große Rolle spielen [142]. Erneuerbare Energien, Hilfe zur Selbsthilfe, dezentrale Ansätze und Entwicklung von Eigeninitiative sind zentrale Themen. Dann ist sicherzustellen, dass die eingesetzten Geldmittel die Menschen vor Ort erreichen [77, 78, 79, 106, 107, 109, 139], und nicht, wie das heute noch viel zu oft der

Fall ist, von Experten aus reichen Ländern, die Projekte vor Ort betreuen, weitgehend verbraucht werden. Es ist nicht akzeptabel, dass heute von der Entwicklungshilfe reicher Länder teilweise mehr als 50 Prozent, in Einzelfällen bis zu 90 Prozent, im eigenen Land verbleiben.

III. Ziele: Die Global-Marshall-Plan-Initiative als Zwischenschritt hin zu einer weltweiten Nachhaltigkeit

Die Weltgemeinschaft hat mit den United Nations Millennium Development Goals klare Vorstellungen entwickelt, wie weit die Welt auf dem Weg der Überwindung von Armut und Not bis zum Jahr 2015 kommen will. Zugleich wurden mit dem Zedillo-Report auch die notwendigen Größenordnungen und Umsetzungsmechanismen identifiziert. Dieses Programm gilt es jetzt umzusetzen.

Für einen Zwischenschritt bis zum Jahr 2015 – auf dem Weg zu einer Ökosozialen Weltmarktwirtschaft – verfolgt die Initiative Global Marshall Plan die Umsetzung der Millenniumsziele der Vereinten Nationen (www.un.org/milleniumgoals). Diese allgemein akzeptierten Ziele dienen als eine Art Benchmark. Sie sind ambitioniert und international abgestimmt. Es gibt zugleich international konsensfähige Überlegungen zu den hierfür erforderlichen zusätzlichen finanziellen Mitteln und neue Ideen für eine praktische Implementierung, auf die am Ende von Kapitel II hingewiesen wurde. Die Voraussetzungen sind also günstig. Es gilt jetzt, die proklamierten Ziele erfolgreich umzusetzen. Dies ist das Ziel der Initiative Global Marshall Plan/Planetary Contract.

Die Millenniumsziele der Vereinten Nationen

Die Millenniumsziele der Vereinten Nationen (UN Millennium Development Goals) (www.un.org/millenniumgoals) umfassen bis zum Jahr 2015 unter anderem folgende Punkte:

■ Kampf gegen extreme Armut und Hunger: weltweite Halbierung der Anzahl der Personen, deren Einkommen weniger als einen Dollar pro Tag beträgt (hiervon gibt es derzeit noch mehr als eine Milliarde).

Der aktuelle Bericht der Welternährungsorganisation FAO in Rom macht deutlich, dass die Zahl der Hungernden wieder wächst und nicht zurückgeht, d. h. die Welt ist von der Erreichung der Millennium Development Goals weiter entfernt als je zuvor [25]. Wo es größere Fortschritte gibt, sind diese vor allem durch die positive Entwicklung in China und teilweise Indien mit zusammen etwa 2,3 Milliarden Menschen bedingt.

- Ausbildung für alle: Ermöglichung des Besuches eines vollen Grundschulprogramms für alle Kinder.

- Kampf gegen die Kindersterblichkeit: Senkung der Kindersterblichkeit auf ein Drittel der heutigen Werte.

- Verbesserte Gesundheit von Müttern: Substanzielle Verbesserungen werden gefordert. (Bei diesem Thema gibt es einen Bezug zu Fragen der reproduktiven Gesundheit und damit auch zu Fragen der Bevölkerungsentwicklung (z. B. Child Spacing), die oben bereits angesprochen wurden).

- Kampf gegen HIV/AIDS, Malaria und andere Krankheiten: Dieses Thema betrifft vor allem die Gesundheitsnotstände in einigen Ländern. Ziel ist es, bis 2015 die Verbreitung von HIV/AIDS, das Auftreten von Malaria und anderen weltweiten Krankheiten im Trend zu stoppen bzw. den Trend sogar umzukehren.

- Sicherstellung der Umweltseite einer nachhaltigen Entwicklung: Unter anderem sollen der Verlust von Umweltressourcen in das Gegenteil verwandelt und bis zum Jahr 2015 die Anzahl der Menschen, die keinen Zugang zu gesundem Trinkwasser (heute über eine Milliarde) haben, halbiert werden. Bis 2020 sollen auch die Lebensbedingungen von wenigstens 100 Millionen Slumbewohnern signifikant verbessert werden.

■ Herbeiführung einer Partnerschaft für Entwicklung: Das Ziel besteht unter anderem in der Entwicklung eines offenen Welthandels- und -finanzsystems, das national und international eine Verpflichtung zu Good Governance und zur Armutsüberwindung beinhaltet, sich besonders der Nöte der am wenigsten entwickelten Länder und der Schuldenprobleme zurückliegender Länder annimmt, sinnstiftende und produktive Arbeit für Jugendliche schafft, in Zusammenarbeit mit Pharmafirmen Zugang zu wichtigen Medikamenten zu bezahlbaren Preisen bereitstellt und, in Wechselwirkung mit der Wirtschaft, allen Menschen Zugang zu den Vorteilen moderner Technologie, vor allem auch im Bereich der Informations- und Kommunikationstechnologie, eröffnet und damit zur Überwindung der digitalen Spaltung beiträgt.

(Siehe dazu auch: Zur digitalen Spaltung vgl. [27, 33, 48, 57, 99, 144], zur Überwindung von Kinderarbeit vgl. [52]).

Sie wurden auf UN-Ebene vereinbart, und zwar aufbauend auf Vorarbeiten, die bis zum Jahre 1986 zurückreichen [4, 20, 26, 55, 105, 118, 123, 124, 125, 126, 128, 140, 141]. Die zentralen internationalen Organisationen, beispielsweise WTO, ILO, Weltbank, IMF, aber auch die OECD und alle großen Nationalstaaten, haben sich mittlerweile auf diese Ziele verständigt. Die Welt hat also kodifiziert, was sie in der Armutsbekämpfung mittelfristig erreichen will – wenn man solche Aussagen ernst nimmt und nicht nur als unverbindliche Instrumente der Zeitgewinnung und der Hinausschiebung von Taten sieht.

Die Millenniumsziele sind wahrlich ambitioniert. So hat UN-Generalsekretär Kofi Annan kürzlich darauf hingewiesen, dass von heute an jeden Tag für 150.000 Menschen ein Zugang zu sauberem Trinkwasser geschaffen werden müsste, wenn das entsprechende Ziel bis 2015 erreicht werden soll. Davon kann allerdings nicht die Rede sein. Die ungeklärte Frage ist deshalb, wie schon immer bei großen internationalen Erklärungen, wie die Zielerreichung sichergestellt werden kann. Hier krankt es auf allen Feldern. Der britische Schatzkanzler Gordon Brown, der diese Thematik weltweit mit besonderem Engagement und Weitblick verfolgt, hat die Situation in einem wichtigen Beitrag für die Konferenz „Making Globalization Work For All – The Challenge Of Delivering The Monterrey Consensus" im Februar 2004 in London in beeindruckender Präzision und Klarheit formuliert [13]. Dort hat er auch seinen Vorschlag für eine International Finance Faculty unterbreitet, der mittlerweile von vielen Seiten aufgegriffen wurde, auch wenn aus Sicht des Autors die eigentliche Aufbringung der Mittel nach wie vor vergleichsweise unklar bleibt und auch bei diesem Vorschlag das Hauptproblem darstellen wird. Gordon Brown schreibt in seinem Beitrag, der immer wieder den Bezug zum historischen Marshallplan herstellt, unter anderem:

- „2005 ist ein bedeutsames, ein ausschlaggebendes Jahr; ein Jahr der Herausforderungen, aber auch der Chancen.

- Fünf Jahre zuvor hat in einer historischen Erklärung, in der wahrscheinlich bedeutendsten internationalen Verpflichtung der letzten Jahrzehnte, jeder Politiker von weltweitem Ansehen, jede wichtige internationale Organisation, ja fast jedes Land sich einverstanden erklärt, gemeinsam die historische Aufgabe zu übernehmen, in fünfzehn Jahren acht Millenniumsziele zu erreichen. Dabei handelt es sich um ein außergewöhnliches Vorhaben, das darauf abzielt, einige der größten Ungerechtigkeiten unserer Zeit endgültig aus der Welt zu schaffen, und dem die klare Verpflichtung zugrunde liegt, jedem Kind eine Ausbildung zu sichern, die vermeidbaren Ursachen für die Kinder- und Müttersterblichkeit zu eliminieren und die Armut um die Hälfte zu reduzieren.

- Nächstes Jahr, nämlich im Jahr 2005, ist das erste Datum, zu dem die Frist für das erste Ziel abläuft.

- Aber wir wissen schon jetzt, dass die erste Zielsetzung,

nämlich das Ziel für 2005, mit dem Mädchen dieselben Chancen wie Buben bei der Grund- und Mittelschulbildung eingeräumt werden sollten, nicht erreicht wird. Die meisten, d. h. 60 Prozent der Entwicklungsländer werden nicht in der Lage sein, das Ziel zu erreichen, was aber noch schwerwiegender ist, ist die Tatsache, dass sie den derzeitigen Tendenzen zufolge das Ziel der Chancengleichheit für Mädchen auch bis 2015 nicht erreichen werden. Das reicht uns nicht – das ist nicht das Versprechen, das wir abgegeben haben.

- Nehmen wir das Schulwesen. Ja, in den letzten zehn Jahren sind die Anmeldungen für die Grundschule doppelt so hoch wie in den 80er-Jahren gewesen. Aber denken Sie an die 115 Millionen Kinder – 80 Millionen Buben und Mädchen in Afrika und in Süd- und Westasien, die heute nicht in die Schule gegangen sind.

- Um unsere Ziele im Schulwesen zu erreichen, sind in den nächsten zehn Jahren 80 Millionen neue Grundschulplätze allein in Afrika erforderlich, und bei dem derzeitigen Fortschrittstempo werden über 70 Länder nicht in der Lage sein, bis zu unserem Zieldatum die allgemeine Grundschulausbildung anzubieten, und in den afrikanischen Ländern südlich der Sahara werden wir das, was wir bis 2015 erreichen wollten, frühestens 2129 erreichen. Das reicht uns nicht, unser Versprechen war mit 2015 befristet und nicht mit 2129.

- Oder betrachten wir das Millenniumsziel der globalen Armut. Auch wenn die Anzahl der Menschen, die in extremer Armut leben, in den letzten zehn Jahren um zehn Prozent gesunken ist, gibt es eine Milliarde Menschen, die noch immer mit weniger als einem Dollar pro Tag auskommen müssen. Und ohne ein stark zunehmendes Wirtschaftswachstum werden die afrikanischen Länder südlich der Sahara, der Mittlere Osten, Nordafrika, Lateinamerika, die Karibik und die Schwellenländer in Europa und Zentralasien es nicht schaffen, die dort herrschende Armut bis 2015 zu halbieren.

Unseren besten Schätzungen zufolge wird das in den afrikanischen Ländern südlich der Sahara mindestens hundert Jahre dauern. Das reicht uns nicht. Das Jahr, von dem wir träumten, war 2015 und nicht 2147.

- Nur allzu oft hat sich die Welt Ziele wie unsere Millenniumsziele gesetzt und es nicht geschafft, sie zu erreichen, so dass man sagen kann, dass ein globales Ziel nur ein Maß dessen ist, wie weit wir davon entfernt sind.

- Nur allzu oft haben wir uns Ziele gesetzt, sie nochmals gesetzt und sie nochmals überarbeitet, so dass wir letzten Endes nur das Ausmaß unseres Scheiterns mildern.

- Und wenn wir, wohl wissend, was wir tun müssen, es nun verabsäumen zu agieren, werden wir diesmal nicht nur die Armen enttäuschen, sondern sie werden unseren Versprechungen keinen Glauben mehr schenken.

- Sprechen wir Klartext: Die Welt ist nicht im Jahr 2000 in New York, im Jahr 2001 in Doha und im Jahr 2002 in Johannesburg und Monterrey zusammen getroffen, um Versprechungen abzugeben und um uns dann abzuwenden, wenn sie gebrochen werden.

- Wenn also dringende Notwendigkeit besteht, wenn es unsere Generation ist, die eine historische Verpflichtung eingegangen ist, so lauten die einfachen Fragen, die wir uns, den Worten eines US-Präsidenten zufolge, stellen müssen, wie folgt:

Wenn nicht jetzt – wann dann?
Wenn nicht wir, wer sonst?
Wenn nicht gemeinsam, wie denn?

- Das ist nicht auf einen anderen Zeitpunkt aufzuschieben und an andere Leute zu delegieren, sondern es ist jetzt zu tun und es ist unsere Aufgabe, die wir gemeinsam bewältigen müssen.

- Und ich schlage vor, dass wir alle, die wir glauben, dass Globalisierung auch Gerechtigkeit auf globaler Basis bedeutet, uns zu einem spezifischen Fahrplan verpflichten, und dann vereinbaren wir ein jeder als Partner – nämlich Politik, Wirtschaft, NGOs und Glaubensgruppen, internationale Institutionen – ,dass wir gemeinsam arbeiten, um die radikalen Veränderungen durchzuführen, die erforderlich sind. Und wie Tony Blair sagte: Für Afrika und die ärmsten Länder werden wir unsere G8-Präsidentschaft im Jahr 2005 zu einer „Entwicklungspräsidentschaft" machen.

- Einfach gesprochen ist unser Vorschlag der, dass dafür, dass die Entwicklungsländer ihr eigenes Land entwickeln, ihre Armutsbekämpfungspläne vorantreiben, ihre eigene Entwicklung, Investitionen und Handelstätigkeiten erweitern und die Korruption eliminieren,

  - wir, die reichsten Länder, jene zehn Milliarden Dollar zur Verfügung stellen, die jedes Jahr für die Schulausbildung aller benötigt werden;
  - wir, die reichsten Länder, mindestens zehn Milliarden Dollar für die Vermeidung und Behandlung von Aids, TB und Malaria abstellen,
  - wir einen nachhaltigen Schuldenabbau finanzieren,
  - wir den ärmsten Ländern den Aufbau ihrer Handelstätigkeit finanzieren
  - und dass wir durch Aufstockung der Entwicklungshilfe, sagen wir in einem Umfang von 0,7 Prozent des Bruttoinlandsprodukts, und durch sofortige Einrichtung einer International Finance Facility, mit der zusätzliche 50 Milliarden Dollar pro Jahr bis 2015 aufgebracht werden, die Entwicklungshilfe und die Investitionen vorantreiben, die notwendig sind, um die Millenniumsziele zu erreichen.

- Die reichsten Länder gehen dabei die Verpflichtung ein, langfristig, vorhersehbar und effizient Hilfe in Form von Investitionen an die Länder zu leisten, die es am meisten benötigen, und allen Entwicklungsländern, die sich bereit erklären, die notwendigen Reformen durchzuführen, die Zusage zu erteilen, dass ihnen die Ressourcen für ihre ländereigenen und gemeindeeigenen Programme zur Bekämpfung von Analphabetismus, Krankheit und Armut nicht verwehrt werden.

- Auch wenn das Ausmaß des neuen Vorschlags, den wir zwischen Industrie- und Entwicklungsländern machen, äußerst umfangreich ist, ist die Forderung, die wir stellen, nicht die erste dieser Art.

- Denken wir bloß daran, wie sich zur Finanzierung des Aufbaus eines vom Krieg zerstörten Europas das reichste Land der Welt, die USA, im historischen Marschallplan von 1948 verpflichteten, ein Prozent ihres jährlichen nationalen Einkommens vier Jahre lang weiterzugeben, was insgesamt nach heutigen Geldwerten gemessen 75 Milliarden Dollar pro Jahr ausmachte.

- Dieser Marshallplan stellte einen Ressourcentransfer dar, der mehr als ein Akt der Wohltätigkeit war, es wurde damit vielmehr offen anerkannt, dass, so wie wir heute von der Beziehung zwischen Industrie- und Entwicklungsländern sprechen, Wohlstand so wie Frieden unteilbar ist und dass nachhaltiger Wohlstand mit den anderen geteilt werden muss.

- Bei der Vorstellung seiner Zielsetzungen an der Harvard University im Jahr 1948 formulierte Marshall die großartige vereinende Vision, die uns heute noch als Anregung dienen kann, nämlich die Vision eines globalen Kampfs gegen, wie er sagte, „Hunger, Armut, Verzweiflung und Chaos", der nicht nur weltweit eine „funktionierende Wirtschaft auf der ganzen Welt" sichern würde, sondern es „ermöglichen würde, dass die politischen und sozialen Voraussetzungen geschaffen würden, aufgrund derer freie Institutionen existieren können.

- Und obwohl der neue globale Vorschlag in einer neuen Zeit erstellt wird, ist er in den anhaltenden Werten des Marshallplans verwurzelt.

- Wie diesen Visionären ist uns ebenfalls bewusst, dass es globale Probleme – dazu gehört auch der Terror – gibt, auf die wir geeint und entschlossen reagieren müssen.

- Wie unsere Vorgänger sehen wir, dass ein umfassender Plan erforderlich ist, der nur dann gelingen kann, wenn er über eine temporäre Hilfe für die gesamte wirtschaftliche Entwicklung hinausgeht.

- Wie sie sehen wir die Notwendigkeit einer neuen globalen wirtschaftlichen und sozialen Ordnung, die sowohl auf Rechten als auch Pflichten gründet. Und wie sie verlangen wir mit unseren Vorschlägen von den ärmsten Ländern, die Herausforderung anzunehmen.

- Das Ausmaß und der globale Umfang der Herausforderung sind aber heute dringender denn je. Noch mehr als in der Zeit Marshalls sind nationale Sicherheit und globaler Wiederaufbau miteinander verbunden. Und noch mehr als in der Zeit Marshalls bedeutet unsere gegenseitige Abhängigkeit – so wie es der 11. September tragisch bezeugte – ,dass das, was den ärmsten Bürgern in den ärmsten Ländern passiert, direkt auch die reichsten Bürger im reichsten Land betreffen kann, wodurch es noch notwendiger ist, visionär zu handeln, als es vor 50 Jahren der Fall war.

- Und unsere Vision auf dem Weg nach vorne – getreu der Herausforderung Marshalls gegenüber den reichen und den armen Ländern – ist die, dass, wenn alle Länder ihren Verpflichtungen nach einer Veränderung nachkommen, sie dann alle davon profitieren können und die Millenniums-ziele erreicht werden können.

■ Für die reichsten Länder bedeutet das neue Verantwortlich-keiten, nämlich die, dass wir unsere Märkte öffnen, den Pro-tektionismus reduzieren und Ressourcen übertragen müs-sen. Es bedeutet aber auch neue Chancen, nämlich ver-stärkten Handel und eine Globalisierung, die global ge-sehen sowohl Sicherheit als auch Gerechtigkeit darstellt.

■ Für die ärmsten Länder bedeutet das neue Verantwortlich-keiten, nämlich eine transparente, korruptionsfreie Politik zu-gunsten der Stabilität zu verfolgen und sich schrittweise für Investitionen, Handel und wirtschaftliches Wachstum zu öffnen. Es bedeutet aber auch neue Chancen, nämlich die Fähigkeit zu mehr Wachstum und Handel und den Transfer von Ressourcen von den Reichen zu den Armen zur Be-wältigung von lang anstehenden Problemen wie Krankheit, Analphabetismus, Armut und Unterentwicklung.

■ Eine bessere Nutzung der bestehenden Entwicklungshil-fe – eine Neuordnung der Prioritäten, eine Entkopplung von Entwicklungshilfe und eine Zusammenführung von Geldern auf internationaler Ebene zur Aufbringung von zusätzlichen Mitteln für die ärmsten Länder – ist von wesentlicher Bedeu-tung, um ein ausgewogenes Kosten-/Nutzenverhältnis und die verbesserten Resultate, die wir anstreben, zu erreichen. Aber zusätzlich zu diesen Reformen ersuche ich diese Kon-ferenz, dass sie anerkennen möge, dass die Entwicklungs-hilfe für Afrika, die vor zehn Jahren 33 Dollar betrug, heute nur mehr 20 Dollar beträgt, dass das Ausmaß der Ressour-cen zur Bekämpfung von AIDS, Analphabetismus und Ar-mut in der Tat das übersteigt, was die herkömmlichen Mittel offerieren können. Ich ersuche daher alle Regierungen, uns auf das vereinbarte Ziel von 0,7 Prozent hin zu bewegen und gleichzeitig unseren Vorschlag der Realisierung einer International Finance Facility ernsthaft in Angriff zu nehmen.

■ Die IFF beruht auf langfristigen, verbindlichen Geberver-
pflichtungen der reichsten Länder. Mit dieser Facility werden
jene zusätzlichen 16 Milliarden Dollar beschafft, die bereits
in Monterrey zugesagt wurden. Und damit wird zusätzliches
Geld auf den internationalen Kapitalmärkten beschafft, um
die Höhe der Entwicklungshilfe in den Jahren bis 2015 von
50 Milliarden auf 100 Milliarden Dollar pro Jahr anzuheben.
50 Milliarden, die es uns ermöglichen werden, die Armut an
den Wurzeln und nicht nur deren Symptome zu bekämpfen
und so die Millenniumsziele zu erreichen.

Die praktischen Vorteile der IFF sind also:

■ Wir könnten mehr Schulden abschreiben, und es würde
uns die Möglichkeit geben, Darlehen zu vergeben und so
eine vertretbare Form des Ausstiegs aus der Schulden-
falle sicherzustellen;

■ Im Gesundheitsbereich könnten wir unser weltweites Ziel
einer Reduzierung der Kinder- und Müttersterblichkeit sowie der Eliminierung von Malaria und TB erreichen.

■ In der AIDS-Krise, über die Bono viel eindringlicher gesprochen hat als ich es kann, könnten wir dauerhafte Be-
handlungsmethoden verfügbar machen und zur Forschung
nach einer Impfung beitragen, die uns für immer von dieser
Geißel befreien könnte.

■ Was das Schulwesen betrifft, könnten wir die Grundschulausbildung für alle nicht nur zu einem weit entfernten
Traum, sondern zu einer konkreten Wirklichkeit machen;

■ Was den Handel betrifft, könnte die IFF die nötige Unterstützung anbieten, weil uns bewusst ist, dass die ärmsten
Länder nur dann von einem Zugang zu unseren Märkten

profitieren können, wenn sie auch in ihre eigene Infrastruktur, Ausbildung, Gesundheit und Wirtschaft investieren.

■ Arbeiten wir gemeinsam weiter an der Diskussion über die Tobin-Steuer, dem Soros-Vorschlag über Sonderziehungsrechte und anderen Arten der weltweiten Mittelaufbringung. Aber bei jedem dieser Vorschläge gibt es die alles entscheidende Frage: Ist der Wille in den reichsten Ländern ausreichend, um diesen tief greifenden Änderungen zuzustimmen?

■ Ich glaube, dass der Vorteil der von mir beschriebenen International Finance Facility nicht nur darin liegt, dass man eine bessere Möglichkeit hat, die nötigen Mittel unmittelbar zur Verfügung zu stellen und daher viel schneller reagieren kann als bei anderen Initiativen, sondern auch darin, dass sie im Gegensatz zu anderen Maßnahmen – wie zum Beispiel Steuern, bei denen jedes Land mitmachen muss, damit das Projekt funktioniert – auch dann arbeiten kann, wenn einige Länder nicht teilnehmen.

■ Ich danke der steigenden Anzahl von Ländern, die der IFF Unterstützung beim G7 und sonst wo zugesagt haben. Francis Mer, der französische Finanzminister, und ich werden in Paris eine IFF-Konferenz abhalten, an der 60 Länder teilnehmen werden. Der IMF und die Weltbank werden die Schlussfolgerungen in ihrem Bericht darüber danach besprechen.

■ 2015 ist der Fixpunkt an unserem Horizont, der weit entfernt zu sein scheint, aber näher ist, als wir glauben. Aber es ist eigentlich das Jahr 2005 – das so knapp vor uns liegt – , in dem entschieden wird, ob wir den Rest der Reise bewältigen werden.

■ Wenn wir die Zügel locker lassen, werden die Millenniumsziele ein weiterer Traum bleiben, den wir einst hatten, und wir werden uns dann wirklich in unseren Sofas zurücklehnen, den Fernseher einschalten und leider für den Rest unseres Leben auf den Bildschirmen zuschauen müssen, wie die Leute sterben. Wir werden jene Generation sein, die sich selbst betrügt.

- Letztes Jahr – 2003 – kamen die Welthandelsgespräche zu einem Stillstand, und wir machten gegenüber 2002 einen Schritt zurück. Machen wir es das nächste Jahr anders.

- Ich richte einen Appell an die Wirtschaft – deren Vertretern ich heute für ihre Anwesenheit danke – , nämlich die Herausforderung in Sachen Entwicklung und Aufbau anzunehmen und an einem Dialog teilzunehmen, der, so bin ich zuversichtlich, letzten Endes dazu führt, dass es eine reichere Welt geben wird.

- Und ich appelliere an die NGOs und an die Glaubensgruppen, dass sie uns auf unsere Verantwortung aufmerksam machen, dass sie das Gewissen der Welt sein mögen, die Stimme, die uns auf diesem schwierigen Weg leitet, zusammenzuarbeiten, ohne dass die eigenen Projekte jemals nur eine untergeordnete Rolle spielen, und anzuerkennen, dass jedes unserer Projekte besser realisiert werden kann, wenn wir uns über die zu Grunde liegende Finanzierung einig sind.

2015 können wir nicht zurückschauen und sagen: „Es waren wir, die nicht gehandelt haben, dies musste der nächsten Generation überlassen werden. Wir haben es jetzt nicht geschafft, sondern wir müssen einen weit entfernten Zeitpunkt in der Zukunft anpeilen." – Das reicht uns nicht.

- Wenn dringend Notwendigkeit besteht und unsere Verantwortlichkeiten klar sind, und selbst wenn der Weg vor uns schwierig, hart und lang ist, dürfen wir nicht die Hoffnung verlieren, sondern müssen den Mut zur gemeinsamen Entschlossenheit haben, den Willen zum Handeln zu finden. Und ermutigen wir uns gegenseitig mit den Worten Isaias: „Auch wenn wir durch die Länge des Weges erschöpft waren, sagten wir nicht, dass es hoffnungslos sei – wir fanden neues Leben in unserer Kraft."

■ Die Kraft nämlich, gemeinsam die Armut zu bekämpfen, die Not zu überkommen, den Analphabetismus zu beenden, Krankheiten zu heilen.

■ Die Herausforderung gilt für unsere Zeit und gilt für unsere Generation. Lasst sie uns gemeinsam annehmen."

Der Text von Gordon Brown liest sich wunderbar. Man kann nur hoffen, dass die britische G8-Präsidentschaft im Jahr 2005 als „Development Presidency" die Durchsetzung der Anliegen einen großen Schritt nach vorne bringt. Ein halbvolles Glas ist halb voll oder halb leer. Kritischer als Gordon Brown es ausspricht, sehen der Autor und viele Beobachter aus dem Bereich der NGOs die erreichten Ergebnisse seit dem Jahr 2000, nämlich vor allem als enttäuschte Hoffnungen. Aus Sicht der Weltzivilgesellschaft haben der Weltgipfel zum Thema „Financing for Development" im mexikanischen Monterrey 2002, der Rio+ 10-Erdgipfel in Johannesburg 2002 und schließlich die Entwicklungsrunde der WTO in Cancún (2003) nicht die erhofften Ergebnisse gebracht. Auch die Daten des aktuellen Weltentwicklungsberichts [25] zeigen deutlich, dass der Hunger in den letzten Jahren sogar wieder zunimmt, statt überwunden zu werden. Es gibt in diesem Kontext erhebliche Defizite, und zwar sowohl auf der Finanzierungsseite als auch bei den Umsetzungsmechanismen. Hier setzt die Initiative für einen Global Marshall Plan/Planetary Contract an.

Kofi Annan,
Oktober 2000
[4]

„Die Staats- und Regierungschefs haben sich dazu bekannt, ihre Völker von der Geißel des Krieges, von bitterer und unmenschlicher Armut und von den durch Umweltver-

schmutzung und Ressourcenknappheit drohenden Gefahren für das Leben auf unserem Planeten zu befreien.
Sie haben sich dazu verpflichtet, Demokratie und Rechtsstaatlichkeit zu fördern, unsere Kinder und andere gefähr-
dete Gruppen zu schützen und auf die besonderen Be-
dürfnisse des afrikanischen Kontinents einzugehen. Und
sie haben versprochen, den Vereinten Nationen selbst
als Instrument zur Umsetzung all dieser Ziele mehr Wirk-
samkeit zu verleihen.

Diese Versprechen geben uns Hoffnung, aber sie werden
nichts verändern können, wenn ihnen keine Taten folgen.
Schon kurz nach dem Millenniumsgipfel erinnerte uns
das Blutvergießen im Nahen Osten daran, wie gefährlich
es ist, wenn für politische und soziale Not keine Abhilfe
gefunden wird."

Nach einer Analyse der UNO (Zedillo-Report aus dem Jahr
2001, vgl. http://www.un.org /reports/financing/full_report.pdf)
fehlen pro Jahr Co-Finanzierungsmittel in der Höhe von etwa 50
Milliarden US-Dollar. Hinzu kommen jährlich weitere 20 Milliarden, die für die Bereitstellung (globaler) öffentlicher Güter benötigt werden. Zur Einschätzung der Größenordnung der feh-
lenden Beträge sei auf das Volumen der internationalen Entwicklungshilfe verwiesen, das etwa 56 Milliarden Dollar pro Jahr
umfasst. Dieser Betrag, der eine wichtige Kenngröße für das
Millennium-Development-Ziel „Entwicklung einer globalen Partnerschaft für Entwicklung" darstellt, ist seit 1990 von 0,33 %
des Bruttoinlandsprodukts der Geberländer auf 0,22 % im Jahr
2001 zurückgegangen. Bei der Hilfe für die ärmsten Länder ist
der Rückgang noch gravierender, nämlich von 0,09 % auf 0,05 %.
Besonders deprimierend ist dabei die extrem niedrige und zudem mit vielen Auflagen versehene Leistung des finanziell
reichsten Landes der Welt von mittlerweile nur noch 0,11 % (inklusive der Erhöhungen in jüngster Zeit!) [124], während Europa etwa 0,35 % und damit in Summe mittlerweile 70 % der

weltweiten Entwicklungshilfe aufbringt. Dieses viel zu geringe Niveau muss rasch und spürbar gesteigert werden, und zwar annähernd auf die seit Jahrzehnten versprochenen 0,7 %. Dies ist eine Kernforderung der Global-Marshall-Plan-Initiative, die im Falle ihrer Umsetzung einen entscheidenden Schritt in die richtige Richtung darstellen würde.

Den Aufwendungen für Entwicklungshilfe (56 Milliarden US-Dollar) sind dann die Zinszahlungen des Südens an den Norden (etwa 136 Milliarden US-Dollar) gegenüberzustellen. Die öffentlichen Haushalte in Deutschland liegen zurzeit bei etwa 1000 Milliarden Euro. Der US-Militärhaushalt umfasst aktuell ungefähr 440 Milliarden Dollar, und der US-Kongress hat im November 2003 endgültig zusätzliche 87,5 Milliarden sowie mittlerweile weitere 25 Milliarden zur Finanzierung der Militäreinsätze im Irak und in Afghanistan für das kommende Jahr gebilligt. Davon sind 18,6 Milliarden Dollar für humanitäre Hilfe und für den Wiederaufbau des Irak und 1,2 Milliarden für den Wiederaufbau in Afghanistan vorgesehen. Davon wiederum entfallen im Irak 5,6 Milliarden Dollar auf den Wiederaufbau der Elektrizitätsnetze, 4,3 Milliarden auf den Wasser- und Abwasserbereich, 3,2 Milliarden sind für die Herstellung von Sicherheit und die Durchsetzung der Gesetze vorgesehen und 1,9 Milliarden für die Wiederherstellung der Öl-Infrastruktur. Diese im zivilen Bereich jetzt und in Zukunft eingesetzten Mittel könnten ganz oder teilweise auf den US-Beitrag zu einem Globalen Marshall-Plan angerechnet werden und, wie später noch genauer erläutert wird, z. B. für einige Zeit die Verfügbarmachung von Anteilen neu zu schaffender Sonderziehungsrechte der USA beim IWF für weltweite Entwicklung ersetzen. Die entsprechenden Sonderziehungsrechte würden dann eine spezielle Ausprägung der Währungsreserven der USA darstellen.

IV. Chancen für einen Global Marshall Plan

Vorbild Marshallplan: Für die Kraftanstrengung der USA nach dem Zweiten Weltkrieg war die Erkenntnis in den USA wichtig, dass eine Stabilisierung von Europa für eine globale Sicherheit unverzichtbar war. Heute besteht eine ähnliche Notwendigkeit zur umfassenden Stabilisierung von globaler Sicherheit noch dringlicher. Wenn auch die Ausgangsbedingungen unterschiedlich sind, so wird doch der Geist des Marshallplans als Grundlage eines Planetary Contracts heute wieder dringend benötigt.

Die USA haben nach dem Zweiten Weltkrieg den Aufbau Europas durch einen Marshallplan gefördert. Neben einer weitgehenden Marktöffnung für europäische Produkte wurden vier Jahre lang erhebliche Volumina eingesetzt – im Durchschnitt etwa 1,3 Prozent des US-Bruttosozialprodukts, in Spitzenzeiten fast zwei Prozent. Dieses hohe Investment, das mit der Verankerung demokratischer und marktwirtschaftlicher Ordnungsbedingungen verknüpft war, hat durch Herbeiführung von Ordnung und Stabilität sowie durch die Nutzung der spezifischen Motivationsmöglichkeiten und ökonomischen Potenziale nach dem extremen Zusammenbruch im Zweiten Weltkrieg einen raschen Aufschwung in Europa und nicht zuletzt auch in Deutschland wesentlich forciert. Zugleich hat diese Anstrengung der USA weit über die finanzielle Seite hinaus den Menschen in Europa Mut und Hoffnung gemacht. Letztlich war der Marshallplan eine kluge Investition, auch für die USA. Er hat damit ein Wirtschaftswunder in Europa ermöglicht.

„In den Vereinten Nationen bemühen wir uns gemeinsam darum, AIDS und andere Epidemien zu besiegen, den Klimawandel zu kontrollieren und saubere Luft und Wasser für alle verfügbar zu machen. In den Vereinten Nationen setzen wir uns für einen globalen Markt ein, von dem wir

Kofi Annan
[4]

> alle profitieren und der es den Armen ermöglicht, sich
> aus ihrem Elend zu befreien. Das Wirtschaftswachstum
> muss angetrieben, aber die Früchte des Wachstums
> müssen breiter verteilt werden."

Daran sollte heute angeknüpft werden. Es gilt, Zeichen zu setzen und eine rasche weltweite Entwicklung unter Beachtung
von Nachhaltigkeitsanliegen zu fördern. Das ist das Ziel eines
Global Marshall Plan/Planetary Contract. Vor allem Europa kann
und muss in diesem Prozess eine Schlüsselrolle spielen und
den Rahmen für ein internationales Forum anbieten, das sich
mit der Entwicklung eines ökosozialen Global Marshall-Planes
beschäftigt. Dabei wird nicht verkannt, dass die heutigen Nöte
und Gegebenheiten nur begrenzt mit der Situation nach dem
Zweiten Weltkrieg vergleichbar sind (z. B. hinsichtlich Ausbil-
dungssituation, historischer Erfahrungen, politischem System,
ökonomischer Ausgangssituation, Infrastruktur, kulturellem Hintergrund etc.) und in vielen Punkten anders als damals vor-
gegangen werden muss. Nur die Grundidee kann übertragen
werden, nicht die Details. Insbesondere sind auch ganz andere
Umsetzungszeiträume (etwa 50 Jahre) mit sehr eigenständigen
Dynamiken in einzelnen Ländern vorzusehen [68, 87]. Es kann
nicht um schnelle „Halb-Lösungen" gehen, vielmehr wird ein
langer Atem benötigt, auch weit über das Jahr 2015 hinaus.

Dennoch oder gerade deshalb wäre das Eintreten der reichen
Welt in eine ernsthafte Entwicklungsanstrengung ein sichtbares
Zeichen der Solidarität, ein großes Investment, auch emotio-
nal-intellektueller Art. Es könnte deshalb große Wirkung er-
zeugen. Dies gilt umso mehr, als dieses Investment verknüpft
würde mit der Herbeiführung von Ordnungsbedingungen, die
für Nord und Süd gleichermaßen förderlich sind. Damit würde
die Basis eines Weltwirtschaftswunders gelegt. Die Welt könnte
viel reicher sein, als sie heute ist [78]. Im Rahmen eines Global
Marshall Plan/Planetary Contract könnte in 50 bis 100 Jahren
das Weltbruttosozialprodukt verzehnfacht werden, im Norden

um einen Faktor 4, im Süden um einen Faktor 34. Dabei könnte ein weltweiter sozialer Ausgleich wie heute in Europa erreicht und dennoch die Umwelt dank technischen Fortschritts
geschützt werden, vgl. hierzu die Zukunftsformel 10~> 4 : 34
des Autors [86, 87]. Natürlich wäre ein solcher Schritt mit einem in relativer Betrachtung massiv dematerialisierten Brutto-
weltprodukt und entsprechend veränderten Lebensstilen verbunden, dies nicht zuletzt aufgrund veränderter Preisrelationen.

> Angesichts der heute bereits zukunftsgefährdenden welt-
> weiten Ressourcenbeanspruchung, im Wesentlichen durch
> den „reichen Norden", muss das zukünftige Wachstum
> begleitet werden durch eine dramatische Steigerung der
> Ressourceneffizienz (technischer Fortschritt und Ände-
> rung der Lebensstile) und eine Orientierung hin zu Stoff-
> kreisläufen.

Hinsichtlich der Chancen für einen solchen Weg gilt Folgendes: Für einen Global Marshall Plan/Planetary Contract bestehen
zurzeit trotz aller internationalen Blockaden Realisierungs-
chancen, die größer sind als zu irgendeinem Zeitpunkt in den
letzten Jahren. Dies resultiert unter anderem aus folgenden Entwicklungen:

1) Das marktfundamentalistische Globalisierungsmodell hat
aus guten Gründen viel an Kredit verloren, und zwar wegen:

- des Zusammenbruchs der New Economy, des Zusammenbruchs der „Financial Bubble" und der in diesem Kontext deutlich gewordenen ungeheuerlichen „Betrugsdelikte"
  von Insidern an den internationalen Finanzmärkten [85,
  87,108,109];

- der desaströsen Wirkung des Marktfundamentalismus in
  Russland und der sehr viel besser verlaufenden Entwicklung in China;

- der zunehmenden Verschärfung der Gegensätze zwischen „Arm und Reich" auf diesem Globus;

- der zunehmenden Sterilität und „Verlogenheit" der Begriffssysteme und Medienberichte („public awareness management" und „political correctness" statt ehrlicher Kommunikation), was viele Menschen dazu bringt, gar nicht mehr zuzuhören;

- der Ereignisse vom 11. 09. 2001 und der ungenügenden politischen Antwort, deren Folgen sich immer deutlicher im Irak und in Israel/Palästina zeigen [49, 65, 87] und

- der dramatisch zunehmenden weltweiten Umweltbelastungen.

Es ist Zeit für einen neuen Ansatz [9, 59, 135].

2) Die WTO-Konferenz in Cancún 2003 hat die weitere Entwicklung der WTO fast zum Stillstand gebracht. Es droht eine Erosion dieser wichtigen internationalen Organisation und ein Rückfall in bilaterale Vereinbarungen zu Lasten der schwächeren Länder mit unabsehbaren Folgen [87]. Dies ist vor einem Hintergrund der „Verrohung der Sitten" auf allen Seiten bis hin zu einem Klima von Hass, Terror und, in Teilen, völkerrechtswidrigen Aktionen zu sehen, die die Aggressivität nur weiter steigern. Hier ist rasch ein neuer Ansatz notwendig, der eine Zukunftsperspektive beinhaltet. Dies umso mehr, als auch der Weltgipfel für die Informationsgesellschaft (WSIS) Ende 2003 in Genf den Konflikt zwischen Nord und Süd, diesmal im Bereich der Gefahr einer digitalen Spaltung, erneut deutlich gemacht hat.

3) Mit dem Vorschlag eines Globalen Marshall-Plans wird an eine großartige Leistung der USA nach dem Zweiten Weltkrieg angeknüpft. Das könnte, bei aller bereits erwähnten Unvergleichbarkeit der Situation, psychologisch hilfreich sein. Wie

schon oben dargestellt, drängen ferner (auf Druck von Umweltschützern und Gewerkschaften) die USA, wie auch die anderen entwickelten Länder, in allen WTO-Verhandlungen seit
langem auf die Einhaltung von Umwelt- und insbesondere
Kern-ILO-Standards. Für die entwickelten Länder ergibt sich
nunmehr die Chance, ihr immer wieder öffentlich erklärtes Ziel
hinsichtlich der Weiterentwicklung der WTO in Verbindung mit
einem Global Marshall Plan zu erreichen. Allerdings wird dabei vielleicht auch deutlich werden, dass diese Forderungen
von manchen nur vorgeschoben waren und keine echte Bereitschaft besteht, durch Co-Finanzierung zu einer Umsetzung
dieser Forderungen beizutragen. Möglicherweise kommt es bei
dieser Frage auch erneut zu einer Differenzierung zwischen
Europa und den USA oder zwischen dem „Old Europe" und
anderen. All das wird hoffentlich nicht der Fall sein. Sollte es
dennoch dazu kommen, dann wäre eine solche Klarheit für
künftige Debatten über die Ordnung der Welt besser als ein
unpräziser argumentativer „Schwebezustand", wie er heute besteht.

In jedem Fall sollte die Durchsetzung bestimmter Standards
mit der Initiative für einen Global Marshall Plan/Planetary Contract in einem größeren Umfang verknüpft werden, und zwar
zumindest insofern, als unmittelbar Zielvorgaben der UN Millennium Development Goals tangiert werden. Das sollte etwa
beim Verbot von Kinderarbeit für alle durch die WTO abgedeckten Handelsvorgänge der Fall sein, wenn im Gegenzug
durch die Weltgemeinschaft in Wechselwirkung mit den Regierungen vor Ort bis 2015 endlich für alle Kinder dieser Welt
eine Schulausbildung sichergestellt und auch finanziert wird.

4) Die gelegentlich auftretenden Bewertungsunterschiede zwischen Kontinentaleuropa und Großbritannien, beispielsweise
bei den Freihandelsfragen, bestehen in diesem Fall nicht. Der
britische Schatzkanzler Gordon Brown hat, wie bereits dargestellt, den Vorschlag für einen Globalen Marshall-Plan in dem
hier verfolgten Sinne zum Rio+10-Weltgipfel in Johannesburg

im Juli/August 2002 vorgelegt (siehe auch www.globalpolicy.
org/socecon/ffd/2002/1216brown.htm) und hat dies, wie bereits erwähnt, mit dem Hinweis bekräftigt, dass die britische
Regierung ihre G8-Präsidentschaft im Jahr 2005 für eine Ent-
wicklungsoffensive (Development Presidency) nutzen wird.

5) Die Auflehnung der Bevölkerung gegen die Fehlentwick-
lungen marktfundamentaler Ansätze in einigen lateinamerikanischen Staaten in den letzten Monaten gibt zu denken. Damit
ist auch für viele Akteure in den reichen Ländern deutlich geworden, dass bestimmte international zulässige, in den Ter-
mini freier Märkte gerechtfertigte Formen der „Ausbeutung"
ärmerer Bevölkerungsteile (insbesondere in der Folge der Umsetzung des ursprünglichen Washington Consensus [56]) in
einer Wechselwirkung von Eliten des Nordens mit den Eliten
in den jeweiligen Ländern künftig nicht mehr unter Garantie
auf hohe Renditen umgesetzt werden können.

6) WTO, IWF und WB arbeiten in unterschiedlichen Kontexten, in einem Falle auch in Wechselwirkung mit dem Club of
Rome, an neuen Ansätzen zur Bewältigung der globalen Herausforderungen, da offensichtlich ist, dass mit den bisherigen
Ansätzen die Überwindung der Armut und die Herstellung von
weltweiten Bedingungen, die mit Nachhaltigkeit verträglich
sind, nicht gelingen. Aktuelle Überlegungen aus diesem Umfeld sind in diesen Text mit einbezogen worden.

7) Viele bekannte Persönlichkeiten haben sich mittlerweile
für einen Globalen Marshall-Plan ausgesprochen, so aus dem
Lager der Liberalen der frühere Außenminister Hans-Dietrich
Genscher, dessen Haltung ein besonderes Gewicht besitzt
(vgl. hierzu die Stuttgarter Erklärung, den Kreis der Unterzeich-
ner der Stuttgarter Erklärung, entsprechende Pressemitteilun-
gen unter www.globalmarshallplan.org sowie die Hinweise im
Anhang). Mit dem Bundesverband für Wirtschaftsförderung und
Außenwirtschaft (BWA) hat sich im Dezember 2003 erstmals
auch ein Wirtschaftsverband (Präsident: Carl-Eduard von Bis-

marck, Ur-Ur-Enkel von Otto von Bismarck, dem Vater der So-
zialgesetzgebung in Deutschland; Vorstand: Dieter Härthe) aktiv
hinter die Idee eines Globalen Marshall-Plans gestellt.

8) Von der Ausrichtung her greift der im Weiteren entwickelte
Vorschlag Hinweise der Stiftung Weltethos (Prof. Dr. Hans
Küng) und der Initiative für offene Gesellschaften (George
Soros) auf. Die Initiative Weltzukunftsrat (http://www.worldfu-
turecouncil.org) verfolgt ähnliche Zielsetzungen.

9) Das Ökosoziale Forum Europa (Präsident: Vizekanzler a. D.
Dipl.-Ing. Dr. h. c. Josef Riegler) fördert die Idee, die als ein
Zwischenschritt auf dem Weg zu einer weltweiten Ökosozialen
Marktwirtschaft gesehen wird [87, 93] mit der Herausgabe einer
Vielzahl von Publikationen, für die sich beispielsweise auch
die Österreichische Industriellenvereinigung [76] ausspricht.
Prinz Hassan von Jordanien, Präsident des Club of Rome, so-
wie des Arab Thought Forum und viele Mitglieder des Clubs
(neben dem Autor u. a. Wouter van Dieren, Amsterdam; Boh-
dan Hawrylyshyn, Conches-Genf; Esko Kalimo, Espoo-Finn-
land; Sergey Kapitza, Moskau; Pentii Malaska, Helsinki; Mike
Mesarovic, Pittsburgh; Uwe Möller, Hamburg; Ivo Slaus, Zagreb;
Ernst Ulrich von Weizsäcker, Berlin; Raoul Weiler, Antwerpen;
Anders Wijkman, Brüssel) und ebenso der Club of Budapest
unterstützen das Programm. Die Initiative knüpft ferner unmittelbar an Beiträge an, die seit etwa einem Jahrzehnt durch das
Information Society Forum (ISF) der Europäischen Union (www.
europa.eu.int/index-de.htm) [48], das Forum Informationsgesell-
schaft/Forum Info 2000 der deutschen Bundesregierung (www.
forum-informationsgesellschaft.de/fig/extern) [27] und durch den
Global Society Dialogue (vgl. www.global-society-dialogue.org)
[33], den das ISF im Jahr 1999 initiiert hat, entwickelt wurden.

10) Es gibt darüber hinaus enge Bezüge zu den von Helmut
Schmidt und anderen betriebenen Überlegungen im InterAction
Council ehemaliger Staats- und Regierungschefs (vgl. http://
www.interaction-council.org/).

Warum gibt es von der institutionellen Seite her eine Chance, einen Global Marshall Plan innerhalb weniger Jahre umzusetzen?

Internationale Vereinbarungen über Ziele, Standards, Finanzierung, Umsetzung und Sanktionssysteme zur Regelung weltweiter Aufgabenstellungen sind sehr komplex und in der Regel nur über Zeiträume von zehn Jahren und mehr herbeizuführen. Insofern hätte die Global-Marshall-Plan-Initiative mit Blick auf das Jahr 2015 keine Chance auf Umsetzung, wenn all dies noch zu leisten wäre. Glücklicherweise ist die Situation viel günstiger. Alle wesentlichen Bausteine für einen Global Marshall Plan sind bereits vorhanden und wurden in den letzten zehn bis 15 Jahren erarbeitet. Was fehlt, ist eine geeignete Verknüpfung dieser Bausteine. Hier ist ein intellektueller Beitrag zu leisten, ein zentraler Mosaikstein zu finden, so etwas wie der „Stein von Rosetta", der schließlich die Übersetzung ägyptischer Hieroglyphen ermöglichte. Es geht darum, die vorhandenen Elemente einer Lösung, deren Erarbeitung der größte Beitrag war, über das richtige Design in ein kohärentes Gesamtsystem des Global Governance zu integrieren. Das leistet der Vorschlag der Global-Marshall-Plan-Initiative.

Angesichts der erheblichen Mittel, die international generiert und eingesetzt werden sollen, ist die Übernahme der Verantwortung für die Mittelverwendung, insbesondere in Bezug auf die Rolle der nationalen Parlamente, genau durch zu denken. Insoweit die anfallenden Mittel bei IWF und Weltbank nach international abgestimmten Maßstäben vergeben werden, könnte dies unter Zuhilfenahme bereits etablierter Mechanismen organisiert werden. Dies gilt in ähnlicher Weise für Sonderziehungsrechte beim IWF, wobei die Zustimmung zur Generierung dieser Sonderziehungsrechte von Seiten der Regierungen und Parlamente erfolgen müsste. Hinzukommen sollte eine Vereinbarung über die Nutzung dieser Mittel im Sinne von internationaler Hilfe für Entwicklung auf Ebene der Staaten – in diesem Fall möglicherweise auch wieder direkt auf IWF-Ebene. Dabei wäre festzumachen, inwieweit den Parlamenten und den national Zuständigen Einflussmöglichkeiten hinsichtlich des konkreten Einsatzes dieser Mittel im Sinne von wirtschaftlicher Zusammenarbeit und Entwicklungshilfe (Oversea Development Aid/ODA) eröffnet werden. Diese Detailfragen sind von Seiten der angestrebten Kommission der EU zur Formulierung eines Global Marshall-Plans weiter zu durchdenken und zu vertiefen. Die Verantwortung für die Mittelverwendung stellt ein wesentliches Element in dem Puzzle dar, das ein Institutional Design für eine bessere Globalisierung zu lösen hat, wenn der Global Marshall Plan ein Erfolg werden soll.

I. Was ist alles schon da?

1. Zielvorstellungen

Die Abstimmung gemeinsamer Zielvorstellungen aller Länder und internationalen Organisationen ist ein aufwändiger Prozess. Dieser Prozess wurde im Zeitraum 1990 bis 2000 geleistet. Mit den United Nations Millennium Development Goals von 2000 liegt ein gut durchdachter, auf die weltweiten Problemlagen adäquat ausgerichteter Zielkatalog vor, was bis zum Jahr 2015 erreicht werden soll. Diese Millennium Development Goals sind weitgehend akzeptiert und kommuniziert, viele international respektierte Persönlichkeiten aus allen Segmenten der Gesellschaft setzen sich für diese Ziele ein. Die Global-Marshall-Plan-Initiative tut dasselbe und interpretiert diese Ziele als einen Zwischenschritt hin zu einer weltweiten Ökosozialen Marktwirtschaft – ein Politikkonzept, das ebenfalls bereits ausgearbeitet vorliegt und unmittelbar an europäische Erfolge, auch in den EU-Erweiterungsprozessen, anknüpft.

2. Regime und Organisation

Die Verfolgung von globalen Zielen setzt ausdifferenzierte Regime mit entsprechenden Regelwerken voraus. Ihre Erarbeitung ist ebenfalls ein Prozess von Jahrzehnten. Glücklicherweise liegen in den Bereichen Handel, Finanzen, Sozialstandards, Umweltstandards etc. Lösungen in Form internationaler Verträge und Organisationen bereits vor. Es handelt sich dabei insbesondere um die heute besonders wichtigen internationalen Regime wie WTO, IWF/WB, ILO und die bei UNEP beheimateten Umweltverträge auf internationaler Ebene. Die genannten Organisationen und Verträge sind weit entwickelt, haben teilweise ihre eigenen Sanktionsmechanismen und eine damit korrespondierende rechtliche Struktur. Sie sind das Herzstück jedes globalen Ordnungsrahmens für Global Governance. Glücklicherweise sind sie bereits vorhanden. Was noch zu leisten ist, ist die Kopplung dieser Regime miteinander.

3. Umsetzungsinstrumente

Die Welt hat eine lange Erfahrung mit internationaler Entwicklungszusammenarbeit, verfügt über entsprechende Organisationen, hat auch in den letzten 20 Jahren einen weiten Weg hin zur Kooperation mit Nicht-Regierungsorganisationen im Umsetzungsbereich zurückgelegt und greift laufend neue Ansätze, wie beispielsweise im Bereich der Kleinkreditbewegung, auf. Auf all diese Prozesse und Erfahrungen kann aufgesetzt werden.

4. Finanzierungsinstrumente

Es gibt eine seit Jahrzehnten laufende Debatte über internationale Finanzierungsinstrumente für Entwicklung im angestrebten Umfang. Man hat Erfahrungen mit dem, was geht und was nicht geht. Für die Mittelaufbringung sind vor allem neue Instrumente außerhalb der bisherigen Staatshaushalte interessant. Hier werden z. B. die Nutzung von Sonderziehungsrechten des IWF, eine Tobin-Abgabe auf internationale Finanz-Transaktionen oder eine Abgabe im Bereich des Fairen Handels seit langem diskutiert, ebenso Instrumente, die eine faire Bepreisung der Nutzung knapper Ressourcen oder induzierter Umweltbelastungen zum Gegenstand haben, beispielsweise durch den Kyoto-Vertrag.

5. Rechtssysteme

Die verschiedenen Regime sind mit Instrumenten rechtlicher oder schiedsgerichtlicher Art von unterschiedlicher Durchgriffsmacht ausgestattet, um in strittigen Fragen zu Entscheidungen zu kommen. Auch verfügen sie über jeweils spezifische Sanktionsinstrumente, die genutzt werden können.

II. Was ist noch zu tun?

Alle wesentlichen Bausteine für ein vernünftiges Global-Governance-System sind bereits vorhanden, ferner gibt es eine weitgehende Kongruenz zwischen Zielen, Regimen, Finanzierungsinstrumenten und Sanktionsmöglichkeiten. Was fehlt, ist die Verschränkung dieser verschiedenen Regime miteinander. Es besteht daher der natürliche Ansatz darin, Kernstandards der ILO und Kernabkommen im Bereich des internationalen Umweltschutzes unmittelbar in die Regelwerke des Handels bei der WTO zu integrieren und im Bereich der Finanzierung von Aktivitäten und Projekten bei IWF und Weltbank verpflichtend zu machen. Dies setzt einen Konsens der Staatengemeinschaft voraus, vor allem im Kontext der WTO-Gremien. Für die

Herbeiführung eines solchen Konsenses dürfte wiederum eine geeignet dimensionierte Co-Finanzierung von Entwicklungsprogrammen durch die reiche Welt der Schlüssel sein. Sind die entsprechenden Standards einmal auf WTO-Ebene verankert, wird man sie bei IWF und Weltbank ebenfalls zugrunde legen. In diesem Kontext wird man in Ergänzung zu den allgemeinen Menschenrechten die erst in jüngerer Zeit kodifizierten sozialen, ökonomischen und kulturellen Menschenrechte (IPWSKM) mit verankern.

Prinzipiell sind für das konkrete Vorgehen zwei Ansätze denkbar:

1. Die große Lösung

Die noch genau zu fixierenden Kernstandards von ILO und UNEP werden im Bereich der WTO als allgemein verpflichtend vereinbart. Damit sind prinzipiell auch die heutigen Sanktionsmöglichkeiten anwendbar, wenn gegen diese Prinzipien (in vereinbarter Auslegung) verstoßen wird.

2. Ein Zwischenschritt

Sollte ein so weit gehender Konsens nicht erreicht werden können, ist als Zwischenschritt auch Folgendes denkbar: Alle im Bereich der WTO beteiligten Staaten stimmen zu, dass eine Teilmenge von Staaten einen Schritt in die beschriebene Richtung tut, so ähnlich, wie das auf EU-Ebene mit einem Europa der zwei Geschwindigkeiten diskutiert wird. Denkbar ist insbesondere der Fall, dass annähernd alle hoch entwickelten Länder sich beteiligen, dagegen nur ein Teil der sich entwickelnden. In diesem Fall könnte im WTO-Rahmen akzeptiert sein, dass Co-Finanzierung gegen die Einhaltung von Standards als Regelfestlegung für diese Teilmenge von WTO-Mitgliedern im Bereich des Welthandels legitim ist. Geldmittel aus

der Co-Finanzierung würden dann nur denen zufließen,
die bereit sind, die vereinbarten Standards zu akzeptieren.
Wahrscheinlich würde man dann Sanktionen der WTO
auf die Reduktion bzw. die Einstellung der Co-Finanzierung
beschränken, wenn beteiligte (Entwicklungs-) Länder gegen
die vereinbarten Standards verstoßen. Weitere sich entwickelnde Länder sind jederzeit frei, sich dieser Lösung
anzuschließen. Über die Zeit ist eine Sogwirkung zu
erwarten. Dies bereitet dann den Übergang zur großen
Lösung vor.

III. Mit welchem Zeitaufwand ist zu rechnen?

In internationalen Verhandlungen erfahrene Akteure sollten
in der Lage sein, das Kernregelwerk, das im Rahmen der
beschriebenen Prozesse benötigt wird, innerhalb von
wenigen Monaten zu formulieren. Es dürfte eine überschaubare Länge besitzen. Das Problem ist nicht die
Formulierung der Verschränkung der Regime, die Frage
ist vielmehr, ob der Wille besteht, dies zu tun, und ob
man sich auf adäquate Co-Finanzierungsvolumina, deren
Finanzierung und die Art der Umsetzung einigen kann. Ein
Konsens, wie er auf WTO-Ebene gebraucht wird, kann sowohl vom Typ große Lösung als auch Zwischenschritt sein.

Wenn die Kernformulierung des globalen Vertrages in
einem Dokument überschaubarer Länge möglich ist, so
werden doch die Anhänge, in denen technische Teilfragen
geklärt werden, länger sein. Ferner wird es substanziell
aufwändiger werden, die Finanzierungsinstrumente fest-
zulegen und die Mechanismen zu fixieren, gemäß derer
die Finanzströme gesteuert und gegebenenfalls auch
unterbrochen werden. Wie wird die Implementation von
Standards unterstützt, verfolgt und auch verifiziert? Dies
alles sind komplizierte Fragen. Hier werden die Experten
einiges an Überlegungen anstellen müssen.

Dies gilt schließlich genauso für die Einrichtung einer rechtlichen Letztinstanz, die notwendig sein wird. Ihre Aufgabe wird sich darauf beziehen, bei Unklarheiten in der Rückwirkung der Gesamtlösung auf die beteiligten Einzelregime Letztentscheidungen zu fällen, wobei in die entsprechenden Rechtsstrukturen Fachleute der einzelnen Regime integriert werden sollten, um die notwendige Sachkompetenz zu bündeln und die erforderliche neue Struktur schlank zu halten.

Zusammenfassung

Für ein brauchbares Global-Governance-System ist ein kritisches Element in einem komplexen Mosaik zu erarbeiten. Diese Problematik richtig identifiziert zu haben, ist vielleicht der wichtigste intellektuelle Beitrag der Global-Marshall-Plan-Initiative. Dieser erlaubt heute die Aussage, dass ein „Global Deal" in überschaubarer Zeit machbar ist, sofern der Wille dazu besteht. An der weiteren Ausgestaltung der Idee sollten Experten arbeiten. Dies ist, wenn Ende 2004 ein entsprechendes EU Advisory Board die Arbeit aufnimmt, im Zeitraum 2005/2006 leistbar, so dass die Planungen der Initiative, den Global Marshall Plan im Jahr 2008 zu starten, an dieser Stelle als realisierbar erscheinen.

In der Umsetzung soll weitgehend unabhängig von der bisherigen internationalen Entwicklungszusammenarbeit operiert werden. Es geht um neue Umsetzungsinstrumente, für die neue Finanzierungsvolumina bereit gestellt werden. Das heißt auch: Mit den neuen Strukturen sollen die gewachsenen Strukturen der Entwicklungszusammenarbeit nicht unterminiert werden. Hier wird ein Nebeneinander als sinnvoll und möglich angesehen.

V. Erforderliches finanzielles Gesamtvolumen und Zeitplan

Der Zedillo-Report beziffert das Finanzvolumen, das bis zum Jahre 2015 aufzubringen ist, mit etwa einer Billion US-Dollar. Als realistischer Zeitplan für eine Umsetzung wird von Seiten der Initiative Global Marshall Plan der Zeitraum 2008 bis 2015 gesehen. Mit den heute schon verfügbaren zusätzlichen Zusagen geht es um etwa durchschnittlich 105 Milliarden US-Dollar an zusätzlichen Mitteln pro Jahr. Dies ist ein erhebliches Volumen, aber machbar.

Der Globale Marshall-Plan zielt auf die Realisierung der UN Millennium Development Goals ab. Zu Fragen der Vorgehensweise wie auch der benötigten zusätzlichen Finanzierungsmittel über die bereits bestehenden Mittel für Entwicklungszusammenarbeit hinaus haben die United Nations ein internationales High-Level-Panel on Financing for Development aus internationalen Top-Finanzfachleuten eingesetzt. Dieses hat unter der Leitung des früheren mexikanischen Präsidenten Ernesto Zedillo im Jahr 2001 weitreichende Ergebnisse vorgelegt (Zedillo-Report, http://www.un.org/reports/financing/full_report.pdf). Dieser Bericht beinhaltet klare Vorstellungen über den Finanzierungsbedarf für einen Globalen Marshall-Plan, die so auch durch den britischen Schatzkanzler Gordon Brown in seinem Weißbuch zur Weltkonferenz Rio+10 in Johannesburg 2002 [www.globalpolicy.org/socecon/ffd/2002/1216brown.htm] und durch George Soros in seinen Überlegungen zur weltweiten Etablierung offener Gesellschaften vertreten werden [108, 109].

„Genau so, wie der Marshallplan großzügige Hilfe mit einer vereinenden Vision kombinierte und dadurch half, Europa nach dem Zweiten Weltkrieg wieder aufzubauen, so müssen die heute reichen Länder die notwendigen Ressourcen zur Verfügung stellen, um eine funktionierende Wirtschaft in allen Teilen der Welt sicherzustellen, die die

Gordon Brown, Britischer Schatzkanzler

Entstehung von politischen und gesellschaftlichen Rahmenbedingungen ermöglicht, unter denen freie Institutionen
existieren können."

Zu ähnlichen Zahlen kommt eine Studie der Weltbank aus dem
Jahr 2002 [118], die zur Erreichung der Millennium Development
Goals pro Jahr zehn bis 15 Milliarden US-Dollar im Bereich
Ausbildung und Erziehung, 20 bis 30 Milliarden für Gesundheit und weitere zehn Milliarden auf dem Gebiet Wasser und
Umwelt als nötig erachtet. Der Bericht „Financing Water for all"
[140], ein Bericht des World Panel on Financing Water Infrastructure aus dem Jahr 2003 (http://www.adb.org/Water/water_
financing_wg.asp), spricht von 1,1 Milliarden Menschen, denen
zur Jahrtausendwende ein sicherer Zugang zu Wasser fehlte,
und von 2,4 Milliarden Menschen ohne ausreichende Wasser-
entsorgung. Auf dem elementarsten Niveau werden bis 2015
jährlich zehn Milliarden US-Dollar benötigt, um die Millennium
Development Goals im Bereich Wasser zu erreichen. Ein vol-
ler Standard für alle Menschen, der günstigstenfalls bis 2025
realisiert werden könnte, würde mehr als das Zehnfache dieser
Summe an zusätzlichen jährlichen Investitionen über die in
diesen Ländern zurzeit jährlich in diesem Bereich eingesetzten
80 Milliarden US-Dollar erfordern.

Zu erwähnen ist auch ein Bericht der United Nations zum Stand
der Implementierung der UN Millennium Declaration [128], der
auf die bereits erörterte Idee des britischen Schatzkanzlers
Gordon Brown für eine International Finance Facility (topic 70)
verweist und ansonsten die oben genannten Zahlen bestätigt.
Ebenso erwähnt sei der Text [26], der auf Basis eines analy-
tischen Modells für die Weltbank in dem hier betrachteten Kontext benötigte Neu-Investitionen der sich entwickelnden Länder
von jährlich 5,5 Prozent ihres GDP, d. h. ungefähr 465 Milliarden US-Dollar pro Jahr im Zeitraum 2005 bis 2010, als erforderlich ansieht. (Diese Aussage bezieht sich auf ein kauf-
kraftbereinigtes GDP dieser Länder, das höher liegt als ein GDP

auf Dollar-Basis. Bezüglich einer GDP-Rechnung auf Dollar-Basis, wie sie in diesem Text zugrunde gelegt wird, geht es um etwa zehn Prozent des GDP dieser Länder.) Nach ihrer Analyse sollten die Mittel primär in den Telekommunikationsbereich (187 Milliarden Dollar), in den Energiesektor (138 Milliarden Dollar) und in Straßen sowie deren Instandhaltung (90 Milliarden Dollar) fließen. Die in Kapitel VI in Tabelle 1 aufgeführten sektoral anfallenden Mittel in dem dort vorgeschlagenen Finanzierungsmodell würden es erlauben, etwa 15 Prozent der benötigten Summe als Co-Finanzierungsmittel aufzubringen.

Was die Höhe der benötigten Geldmittel betrifft, gibt es also einen weitreichenden internationalen Konsens, nicht anders als bei den Millennium Development Goals selbst. Das macht die Situation für die Global-Marshall-Plan-Initiative an dieser Stelle vergleichsweise einfach. Benötigt werden gemäß Zedillo-Report bis 2015 pro Jahr etwa 50 Milliarden US-Dollar für allgemeine Investitionen zur Erreichung der Millennium Development Goals und 20 Milliarden für die weltweite Bereitstellung öffentlicher Güter zum Vorteil und zur Sicherheit aller – beide Beträge zusätzlich zu den heute verfügbaren Mitteln für internationale Zusammenarbeit von etwa 56 Milliarden US-Dollar pro Jahr. Die UNICEF hat den Umfang an Mitteln, die für die weltweite Bereitstellung sozialer Grunddienste benötigt werden, die ihrerseits mit der fortschreitenden Erfüllung wirtschaftlicher, sozialer und kultureller Menschenrechte korrespondieren, ebenfalls mit zusätzlichen Geldern in Höhe von etwa 70 Milliarden Dollar pro Jahr beziffert. Öffentliche Güter im Kontext der Millennium Development Goals betreffen insbesondere folgende Themenstellungen [55]:

- Verwirklichung der grundlegenden Menschenrechte für alle, einschließlich des universellen Zugangs zu Basis-, Erziehungs- und Gesundheitssystemen
- Respektierung der nationalen Souveränität
- Weltweite Gesundheitsvorsorge, insbesondere die Bekämpfung übertragbarer Krankheiten

- Weltweite Sicherheit oder – anders ausgedrückt – ein globaler öffentlicher Bereich frei von Kriminalität und Gewalt
- Weltfrieden
- Grenzüberschreitend harmonisierte Kommunikations- und Transportsysteme
- Die grenzüberschreitende Harmonisierung institutioneller Infrastrukturen zur Förderung von Zielen wie Markteffizienz, universelle Menschenrechte, transparente und rechenschaftspflichtige Regierungsführung oder Harmonisierung technischer Standards
- Konzertiertes Management von Wissen, einschließlich weltweiter Respektierung geistiger Eigentumsrechte
- Konzertiertes Management globaler natürlicher Gemeinschaftsgüter, um deren nachhaltigen Gebrauch zu fördern
- Verfügbarkeit sicherer Orte für multilaterale Verhandlungen – sowohl zwischen Staaten untereinander als auch zwischen staatlichen und nichtstaatlichen Akteuren.

Berücksichtigt man den gesamten Bedarf ab 2002 bis 2015, so geht es um die Bereitstellung von zusätzlichen 980 Milliarden US-Dollar. Nach UN-Berichten über den Stand der Finanzierung der Millennium Development Goals ist ab 2006 mit jährlich zwölf Milliarden Dollar an zusätzlicher Hilfe aufgrund zwischenzeitlich erfolgter Zusagen aus dem Kreis der entwickelten Länder zu rechnen. Damit wären 120 Milliarden neuer Mittel abgedeckt, es bleiben 860 Milliarden offen. Der in diesem Text im Weiteren entwickelte Vorschlag bezieht sich auf die Aufbringung dieser Mittel im Zeitraum 2008 bis 2015. Man beachte dabei, dass es bei diesem Vorschlag in der Phase 2011 bis 2015 unter Einschluss der bisherigen Mittel für Entwicklungszusammenarbeit zu einem jährlichen Co-Finanzierungsvolumen von etwa 180 Milliarden US-Dollar kommt. Das sind dann etwa 0,6 Prozent des Weltbruttosozialprodukts. Die Welt wäre dann, bezogen auf die entwickelten Länder, etwa bei den 0,7 Prozent an Mitteln für Entwicklungszusammenarbeit angelangt, die weltweit seit langem angestrebt werden. Man wird zwar nach 2012 wahrscheinlich noch mehr Mittel

über einen noch längeren Zeitraum benötigen, wenn Armutsüberwindung und Nachhaltigkeit auf diesem Globus langfristig erreicht werden sollen, aber immerhin wäre mit einem Global Marshall Plan der alles entscheidende Einstieg in ein zukunftsfähiges Design endlich gelungen.

Die im Rahmen eines Global Marshall-Plans aufzubringenden
Mittel der Weltgemeinschaft sind zielorientiert, transparent und
rechenschaftspflichtig für die Erreichung vereinbarter Ziele
einzusetzen, dazu wurden oben bereits Hinweise gegeben.
Das intellektuelle Design und Management dieser Prozesse
ist eine große Herausforderung. Deshalb wird ein genügend
langer Design- und Abstimmungsprozess bis zum Jahr 2007
als notwendig erachtet, so dass die Umsetzung Anfang 2008
beginnen könnte. Ein Stufenplan für eine zeitliche Umsetzung,
orientiert sich an Überlegungen in [87]. Er wird nachfolgend
beschrieben. Mit Bezug auf den Zeitpunkt Rio+15-Weltgipfel
könnten die Staatschefs der Welt die Verabschiedung dieses
Planes als Beitrag für eine nachhaltige Entwicklung in Szene
setzen.

Ein Vorschlag für einen Zeitplan für die Umsetzung des Globalen Marshall-Plans

Herbst 2004

Start einer Kampagne mit folgenden Zielgruppen: EU-Parlament, EU-Kommission und EU-Rat, nationale Parlamente der EU-Staaten und ausgewählte internationale Organisationen. Ziel ist die Etablierung eines Advisory Boards der EU, das die Ausarbeitung eines Globalen Marshall-Planes zur Aufgabe hat. Dabei geht es um Zielsetzungen, benötigte Finanzmittel, Umsetzungsmechanismen, Maßnahmen, Zeitplan, Partner und Akteure. Die Einsetzung eines solchen Advisory Boards ist das kurzfristige Ziel der Initiative Global Marshall Plan/Planetary Contract. Parallel dazu soll um Zustimmung seitens der Wirtschaft und NGOs geworben werden.

Herbst/Winter 2004

Ein Advisory Board zum Thema wird durch die EU eingesetzt und erarbeitet einen Bericht. Der vorliegende Text und andere Beiträge könnten dafür als Input dienen.

Sommer/Herbst 2005

Der Vorschlag für einen Global Marshall Plan/Planetary Contract wird (hoffentlich) offizielle Position der EU für alle weiteren Weltgipfel.

2006

Ein weltweiter Konsens über einen Planetary Contract (Partner, Zeitplan, finanzielles Volumen, Mittelaufbringung, Verknüpfung mit Standards, institutionelles Design, Umsetzungsmechanismen, Compliance und Controlling) wird erreicht. Dieser beinhaltet auch Vorstellungen über die Fortführung entsprechender Maßnahmen über das Jahr 2015 hinaus.

2007

Vorbereitungen für die Implementierung des erreichten Konsens bei allen beteiligten internationalen Organisationen und Akteuren, Anpassung aller tangierten internationalen Vertragswerke, Schaffung einer rechtlichen Letztzuständigkeit durch Kopplung von Elementen verschiedener derzeit schon existierender internationaler Rechtsstrukturen, vor allem derjenigen der WTO. In einem geeigneten Bezug zu dem Zeitpunkt Rio+15 wird die Umsetzung des Global Marshall Plan/Planetary Contract beschlossen.

2008–2015
Umsetzungsphase.

VI. Mittelaufbringung und Nutzung –
Fragen von zentraler Bedeutung

Wir verfügen heute schon über Institutionen, die die erforderlichen Transaktionen für die Umsetzung eines Globalen Marshall-Plans vornehmen können. Es muss allerdings deutlich gemacht werden, dass mit den Förderungsprogrammen nicht die Fehler der vergangenen Entwicklungsdekaden wiederholt werden dürfen. Das bezieht sich auf die Geberländer (Großprojekte, Überbürokratisierung etc.), aber vor allem auch auf die Empfängerländer (korrupte Machtgruppen, Kapitalflucht, Unterdrückung sozio-ökonomischer Entwicklung mit Herausbildung von Mittelschichten und mangelnde Bereitschaft zu regionaler Zusammenarbeit). Klare Aussagen über bessere Förderungsprogramme und -praktiken in der Nutzung vielfältiger Erfahrungen und weitere Marktöffnungen der reichen Länder, die mit den Förderprogrammen korrespondieren, sind ein Schlüssel, um Akzeptanz für einen Globalen Marshall-Plan zu gewinnen.

Für die Mittelaufbringung und den Mitteleinsatz im Rahmen eines Globalen-Marshall-Plan-Programms, d. h. für die Finanzierung sowie ihre Durchführung, sind innovative Ansätze erforderlich. Dies deshalb, weil Entwicklungshilfeprogramme in der Vergangenheit oft nicht genügend erfolgreich waren und es beispielsweise immer wieder zu einer unverhältnismäßigen Bereicherung von Eliten vor Ort oder zur Beschäftigung von Experten oder Firmen der Geberländer kam bzw. Projekte gefördert wurden, die sich nach dem Auslaufen der Förderung als nicht lebensfähig erwiesen haben. In diesem Kontext kommt der Bekämpfung von Korruption in Verbindung mit der Vereinbarung von Standards eine zentrale Rolle zu, dies auch unter Einbindung kritischer NGOs wie Transparency International www.transparency.org bzw. [122]), die einen extrem wichtigen Beitrag zur Ermöglichung besserer Entwicklungsbedingungen leisten. Bei der Aufbringung neu aufzubringender Mittel sind effiziente Umsetzungsmechanismen entscheidend, wenn der

Global Marshall Plan/Planetary Contract breite Unterstützung
finden soll. Das Design entsprechender Maßnahmen und Programme wäre die Aufgabe des von EU-Seite einzusetzenden
(internationalen) Advisory Boards. In Kapitel II wurde dies bereits erörtert.

Je nach Art der Aufbringung von Mitteln ist dabei eine
Verknüpfung mit der im nachfolgenden Vorschlag genannten
mittelaufbringenden Organisation, z. B. IWF oder WTO, sinnvoll. Dies beinhaltet auch Rückwirkungen auf die zukünftige
Finanzmarktarchitektur und den Welthandel [14, 59, 87, 109,
110, 111]. Sofern Mittel aus einer Welthandelsabgabe gewon-
nen werden, könnten Teilvolumina zunächst programmatisch
möglichst für Entwicklungsziele in den besonders entwicklungs-
relevanten Wirtschaftssektoren aufgewendet werden, in denen
auch Einnahmen zu verzeichnen sind, etwa im Telekommunika-
tions- oder im Energiesektor. Dies macht unmittelbar Sinn und
wird zudem wahrscheinlich die Zustimmungsbereitschaft der
beteiligten Akteure deutlich erhöhen, da Mittelaufbringung und
Mitteleinsatz in transparenter Weise aufeinander bezogen sind.
Einnahmen fallen bei dem hier entwickelten Vorschlag primär
bei IWF und WTO an. Die umgesetzten Standards sowie die
Umsetzungsprogramme betreffen vor allem auch Anliegen von
WB, ILO, UNEP, UNDP, UNESCO, UNFPA und anderen Institutionen. Diese Partnerorganisationen sind daher bei der Pro-
grammformulierung und -umsetzung jeweils substanziell ein-
zubinden.

Ein Vorschlag, der als Denkmodell und Beispiel für die Aufbringung der benötigten Volumina und für den Einsatz dieser
Mittel gedacht ist und leicht modifiziert werden kann, ist nachfolgend dargestellt. Die Aufbringung von Mitteln für einen Globalen Marshall-Plan ist dabei immer mit geeigneten Marktöffnungen der entwickelten Länder zu koppeln. Staatliche Direktzahlungen an eine internationale Koordinierungsinstanz, zum Beispiel an die Weltbank, in Abhängigkeit vom Bruttosozialprodukt
des jeweiligen Landes, wie dies innerhalb der EU derzeit prak-

tiziert wird, werden vom Autor insofern als nicht zielführend erachtet, als dass sie in den betroffenen Ländern häufig Akzeptanzprobleme hervorrufen. Mit dem auf George Soros zurückgehenden Vorschlag der Nutzung von Sonderziehungsrechten des IWF, vgl. [109], können aber ähnliche Effekte wie mit direkten staatlichen Transfers erreicht werden. Auch auf besondere Abgaben auf gesellschaftsbelastende Aktivitäten (z. B. im militärischen Bereich) wird an dieser Stelle verzichtet. Dies gilt ebenso für spezielle Belastungen auf übermäßige Ressourcenbeanspruchungen oder die Erzeugung von großen Umweltbelastungen, sofern sie nicht Welthandelsaktivitäten betreffen, die durch eine Terra-Abgabe auf den Welthandel summarisch einbezogen werden. Dies geschieht aus rein pragmatischen Gründen und ist nur als Vorschlag zu sehen. Dass andere Ansätze große Potenziale bieten, wurde oben schon erwähnt, bis hin zum Auflegen der von Maximilian Gege vorgeschlagenen Zukunftsfonds oder der International Finance Facility, die der britische Schatzkanzler Gordon Brown vorschlägt. Erwähnt sei an dieser Stelle auch der auf H. W. Zillmer von der „Stiftung Kinder in Afrika" zurückgehende Vorschlag zur Errichtung eines „Welt-Entwicklungs-Fonds" (WEF). Dieses auf einer globalen CO_2-Abgabe aller Länder basierende Modell würde bei einer Erhebung von fünf Dollar pro Tonne CO_2-Emissionen wettbewerbsneutral jährlich mehr als 100 Milliarden Dollar einbringen und alle Länder gemessen an ihrer jeweils erreichten industriellen Entwicklung (wobei der länderbezogene CO_2-Verbrauch als Messlatte dient) belasten [147]. Der im Weiteren ventilierte Vorschlag ist vor diesem Hintergrund nur als exemplarisch zu sehen und vielfältig modifizierbar. Jede andere Art der Finanzierung wäre ebenso willkommen, wenn sie die angestrebten Ziele, vor allem die Umsetzung der United Nations Development Goals, bis zum Jahr 2015 fördert.

Millennium Development Compact [126]

„Internationale Finanzinstitutionen sollten die Millennium Development Goals ins Zentrum ihrer analysatorischen, beratenden und finanzierenden Anstrengungen für jedes Entwicklungsland rücken."

1. Mittelaufbringung beim Internationalen Währungsfonds (IWF)

Einer der besonders interessanten Ansätze zur Aufbringung von Mitteln für Entwicklung geht auf George Soros zurück, dessen Buch „Der Globalisierungs-Report" [109] wesentliche Einsichten in die weltökonomischen Probleme aus Sicht eines exzellenten Kenners der internationalen Finanzmärkte eröffnet. Es sind dies so genannte Sonderziehungsrechte [50], die einem Land im Verhältnis zur in den IWF-Fonds eingezahlten Quote als im Rahmen der internationalen Finanzarchitektur einsetzbare, den Währungsreserven ähnliche Mittel zur Verfügung gestellt werden. Der „Trick" besteht darin, dass Entwicklungsländer Teile der Quote in ihren eigenen, vergleichsweise weniger harten Währungen einzahlen, Auszahlungen aber in harten Devisen aus dem Währungskorb der Sonderziehungsrechte erhalten. Für George Soros ist die Nutzung von Sonderziehungsrechten beim IWF, die als Matching Funds für Social Entrepreneurship genutzt werden sollten, der Kernansatz für eine bessere Organisation der weltweiten Entwicklung.

Sonderziehungsrechte können letztlich als ein (versteckter) Teil der direkten Neuschöpfung von Geld und dessen Ausleihen verstanden werden, wie dies von Notenbanken zur finanziellen „Spiegelung" des Wirtschaftswachstums wie der Inflation durch Neuschaffung von Geld und seiner Ausleihung auf nationaler Ebene ständig erfolgt. Dies gilt ebenso für die mit Zinszahlungen an die Staaten gebundenen Geldschöpfungen im privaten Bankbereich und drückt sich z. B. im Gewinn der Zentralbanken aus. Dieser betrug für Deutschland 11,2 Milliarden Euro im Jahr 2001 und 5,4 Milliarden Euro im Jahr 2002.

Auch der Zedillo-Report (http://www.un.org/reports/financing/full_report.pdf) greift den Vorschlag der Nutzung von Sonderziehungsrechten für internationale Entwicklungsförderung auf, ebenso der britische Schatzkanzler Gordon Brown in seinem Weißbuch (www.globalpolicy.org/socecon/ffd/2002/1216brown.

htm) sowie in dem oben teilweise zitierten Dokument [13]. Der im Weiteren diskutierte Umfang würde über seine Umverteilungswirkung hin zu den sich entwickelnden Ländern die entsprechenden nationalen Möglichkeiten der entwickelten Länder spürbar reduzieren, sollte aber bei gutem Willen machbar sein.

Sonderziehungsrechte des IWF (www.iwf.de) sind ein etabliertes Instrument dieser Institution und wurden bereits in der Vergangenheit genutzt. Seit einigen Jahren ist ein weiteres (einmaliges) Volumen von 27,5 Milliarden US-Dollar in Vorbereitung, 75 Prozent der Stimmrechte des IWF haben bereits zugestimmt, es fehlt noch die Zustimmung des US-Kongresses, um die erforderliche Quote von mindestens 85 Prozent der Stimmrechte zu überschreiten.

In [109] wird vorgeschlagen, solche Sonderziehungsrechte in Zukunft jährlich zu generieren. Die reichen Länder sollten ihren Anteil in der Höhe von 18 Milliarden Dollar gemäß dem aktuell dem IWF vorliegenden Vorschlag für Co-Finanzierungsprogramme nach eigenen Vorstellungen für Entwicklungszusammenarbeit bereitstellen, also gegen Auflagen abgeben. Die Mittel könnten als Entwicklungshilfe bzw. direkte staatliche Transfers gewertet werden. Wie oben ausgeführt, sollen dabei – durch Maßnahmen von Staatsmännern mit Horizont – auch bevölkerungspolitische Maßnahmen substanziell mit einbezogen werden, da sie eine Schlüsselrolle für eine bessere Zukunft spielen. Hier sollten engagierte Staaten im Rahmen ihrer Aktivitäten ein zusätzliches Volumen von drei bis vier Milliarden Dollar pro Jahr als Co-Finanzierungsbeitrag für die Umsetzung der Beschlüsse der Weltkonferenz von Kairo (1994) mobilisieren, eine überschaubare Größe im Rahmen eines Globalen Marshall-Plans.

Die den ärmeren Ländern gemäß IWF-Statut – im Rahmen der eigenen Quoten – zufallenden, im Umfang deutlich geringeren Sonderziehungsrechte (etwa ein Drittel des Gesamtumfangs) würden diesen Ländern zusätzlich unmittelbar zugute

kommen, z. B. zur Stärkung ihrer Währungsreserven. Bei George
Soros [109] finden sich auch viele Hinweise für eine sinnvolle,
frühere Fehler vermeidende Nutzung der Mittel, auf die teilweise noch später eingegangen wird. In dem weiter unten präsentierten Vorschlag wird der Ansatz von George Soros etwas
erweitert und ein jährliches Ausgabevolumen von 30 bis 40
Milliarden US-Dollar an Sonderziehungsrechten des IWF, das
für den Transfer von Nord nach Süd gedacht ist, für den Zeitraum 2008 bis 2015 vorgeschlagen. Wird der etwa ein Drittel
betragende Teil der Quote der sich entwickelnden Länder nicht
als Beitrag im Rahmen der Co-Finanzierungsmaßnahmen, sondern als ein zusätzlicher Benefit gewertet, müsste das Gesamtvolumen auf 45 bis 60 Milliarden angehoben werden.

In der internationalen Diskussion besitzt eine so genannte Tobin-
Abgabe auf Finanztransaktionen ebenfalls eine hohe Attrak-
tivität zur Generierung benötigter Einnahmen (vgl. hierzu [24]
und Informationen über die Tobin-Tax-Initiative [120]). Maartje
van Putten [80] sei hier wie folgt zitiert:

„Es macht Sinn, dass sich die Bemühungen auf globale
Finanztransaktionen und Kapitalflüsse konzentrieren. Laut
Economist haben wir es mit folgender Situation zu tun:
Vor 20 Jahren gab es sehr geringen grenzüberschreitenden Handel mit Anleihen und Aktien. Jetzt beläuft er sich
auf ungefähr 600 Milliarden Dollar Anleihen pro Tag und
30 Milliarden Dollar Stammaktien. Sekundärer Handel
belief sich auf 30 Billionen Dollar im Jahr 1994 und 120
Billionen im Jahr 2001, das entspricht dem Vierfachen
des globalen Bruttonationalproduktes."

*Maartje van
Putten, [80]*

An dieser Stelle wird der Vorschlag der Einführung der Tobin-
Abgabe präsentiert, obwohl sich viele Stimmen dagegen aus-
sprechen. Die Gegenargumente beziehen sich einerseits meist
auf die mit einer Tobin-Abgabe vielfach angestrebte Begrenzung
der Spekulation an den Währungsbörsen sowie andererseits darauf, dass nationale oder europäische Alleingänge für Europa kon-

traproduktiv wären [8, 138]. Beim hier verfolgten Ansatz sind diese Punkte allerdings gegenstandslos, da Derartiges nicht (primär) bezweckt wird und ohnehin nur weltweit abgestimmte Lösungen sinnvoll scheinen. Sind sich die reichen Länder in dieser Frage einig, können sie andere Länder über rein finanz-politische Maßnahmen gegebenenfalls ökonomisch dazu zwin-gen, sich an einer Tobin-Abgabe zu beteiligen. Eine unfaire Be-nachteiligung internationaler Zusammenarbeit ist ebenfalls nicht zu sehen, da globale Finanztransaktionen im Gegenteil eine attraktive neue Wertschöpfungsdimension bilden, die auch ent-sprechend belastet werden darf.

Eine Tobin-Abgabe bildet heute eine Hauptforderung der Glo-balisierungsgestalter im Bündnis Attac [31, 32, 38]. Die in Attac tätigen Personen und Gruppierungen werden von den Medien häufig und wider besseren Wissens als Globalisierungs-gegner diffamiert (ein Erfolg des so genannten Public Aware-ness Managements), obwohl das erklärte Ziel von Attac ledig-lich darin besteht, die aus dem Ruder laufende Globalisierung zum Vorteil der meisten Menschen umzugestalten. Derselbe Be-weggrund, also Globalisierungsgestaltung, ist auch charakteris-tisch für die Global-Marshall-Plan-Initiative und ebenso eine Kernforderung der ILO World Commission in dem oben zitier-ten Bericht über soziale Aspekte der Globalisierung. George So-ros spricht sich ebenfalls in diese Richtung aus.

Noch einmal: Entgegen der ursprünglichen Intention des Wirt-schaftswissenschaftlers James Tobin (www.ceedweb.org//iirp/) ist das Ziel der hier vorgeschlagenen Tobin-Abgabe nicht die Eindämmung spekulativer Transaktionen, die als Motiv allen-falls noch eine Nebenrolle spielt. Es geht vielmehr um die Generierung von investiven Mitteln für eine weltweite Entwick-lung dort, wo sowohl durch Neuschaffung von Geld (durch die Notenbanken) als auch durch Zugriff auf Kredite und durch globale Finanzmärkte in asymmetrischer Weise bei vergleichs-weise wenigen Akteuren Vorteile von Globalisierungsprozessen anfallen. Dieses Geld soll nicht über Regierungen in Form klassischer Entwicklungszusammenarbeit ausgegeben werden, sondern neuen, innovativen, insbesondere investiven Mechanismen folgend, wie sie in diesem Text bereits mehrmals angesprochen wurden. All dies zielt auf ein Weltwirtschaftswunder ab und soll die Welt insgesamt reicher machen.

Dabei muss eingeräumt werden, dass das Thema noch weiterer Analysen bedarf. Einerseits wegen inhaltlicher Fragen sowie vor allem wegen der ungeheuren Akzeptanzproblematik, die zeigt, dass man sich einem neuralgischen Punkt der heutigen Macht-, Eigentums - und Zugriffsstrukturen nähert – ein „heiliger Gral", vor allem auch für sämtliche marktfundamentalistischen Glaubenssätze. Dies ist ein Tabubereich, der mit fast reflexartigen Abwehrmechanismen verteidigt wird.

Um die Größenordnung zu verdeutlichen, um die es im Weiteren geht, sei an dieser Stelle darauf verwiesen, dass das Weltbruttosozialprodukt heute bei etwa 30 Billionen (trillions) US-Dollar liegt, der Welthandel bei etwa 8,5 Billionen, die internationalen Finanztransaktionen aber bei jährlich ungefähr 480 Billionen. Eine Belastung in Höhe von z. B. nur 0,01 Prozent würde deshalb ein Volumen von 30 Milliarden Dollar pro Jahr zu generieren erlauben, selbst wenn dabei als Folge dieser neuen Belastungen ein Rückgang der gehandelten Finanzmarkt-Volumina von derzeit 480 Billiarden auf 300 Billiarden US-Dollar erfolgen sollte.

Gegen eine Tobin-Abgabe gibt es, wie schon angedeutet, massiven Widerstand. Im Kern geht es oftmals wohl nur darum, diese Mittel für internationale Entwicklung nicht aufbringen zu wollen, schon gar nicht durch Belastung derjenigen, die in besonderem Maße Vorteile aus der Globalisierung der Finanzmärkte und den sich daraus bietenden neuen Wertschöpfungsmöglichkeiten ziehen. Benutzt wird aber gerne das Argument, dass dadurch die kollektive Intelligenz der Weltfinanzmärkte gefährdet werden würde. Dieses Argument ist jedoch spätestens seit den jüngsten Finanzmarktskandalen und dem Zusammenbruch der Financial Bubble und der New Economy als unzutreffend erkennbar. George Soros gibt in seinen, in ihrer Klarheit bestechenden Büchern eine treffende Einschätzung der Denkfehler und Fehlannahmen von solchen Marktfundamentalisten, die noch bei offenbaren Spekulationsprozessen auf Instabilität an kollektive Intelligenz und Stabilität glauben [107, 109]. Der Autor hat den unvermeidbaren Zusammenbruch der New Economy, wenn auch ohne Angabe des genauen Zeitpunktes, einer ähnlichen Logik folgend schon vor Jahren vorhergesagt. Es handelte sich dabei um eine Pyramidenspiel- oder Kettenbriefsituation [85].

Auch das andere, oft gebrachte Argument, mit solchen Abgaben würde man die weltweite Wertschöpfung beeinträchtigen, ist unangemessen. Natürlich werden Bank- bzw. Händlergebühren für internationale Finanztransaktionen bezahlt. Wenn die Belastung von Wertschöpfungsprozessen ein grundsätzliches Problem wäre, dürfte man auch auf nationaler Ebene Wertschöpfungsprozesse nicht besteuern – aber genau das Gegenteil ist der Fall. Erwähnt sei schließlich noch, dass Argumente über einen zu hohen Bürokratieaufwand nur teilweise greifen, da die weltweiten grenzüberschreitenden Finanztransaktionen längst vollelektronisch erfolgen, so dass eine Erfassung und Abbuchung einer Tobin-Abgabe leicht möglich ist, also der Verwaltungs- und Bürokratie-Overhead gering bleiben würde. Problematisch könnte allerdings sein, dass die formalen Abrechnungen sich teilweise nur auf Tagessalden beziehen, womit ein Großteil des belastbaren Volumens nicht erfasst werden könnte. Dieser Aspekt ist weiter zu prüfen.

Die auf diese Weise erschließbaren Mittel könnten beim IWF weitgehend direkt festgemacht werden oder in Wechselwirkung mit der Weltbank bzw. innerhalb von Entwicklungsprogrammen investiert werden. Dabei sollten sämtliche Ausleihungen im Rahmen eines „Global Deal" an die Beachtung von Kernbereichen der ILO- und UNEP-Standards geknüpft werden – eine wesentliche Veränderung gegenüber der heutigen

Politik im Rahmen des Washington Consensus. Der IWF könnte Mittel beispielsweise auch einsetzen, um Währungskrisen
besser als bisher abfedern und um in Abstimmung mit der Weltbank und anderen Partnern Not leidenden oder hoch verschul-
deten Ländern helfen und Aufbauprogramme initiieren zu können, teilweise auch im Austausch gegen die Bereitschaft, dafür bestimmte Standards zu implementieren. Gegen entsprechende Auflagen ist auch die weitere Entschuldung der ärmsten Länder im Rahmen des Comprehensive-Poverty-Reduction-
Prozesses von IWF und WB voranzutreiben. Den Rahmen hierfür bildet die HIPC-Initiative für besonders hoch verschuldete
Länder (Highly Indebted Poor Countries).

Wichtig wäre auch die Einführung und Finanzierung eines seit
Jahren diskutierten, geregelten Konkursverfahrens von Staaten. Damit könnte bei einem wirtschaftlichen Zusammenbruch
von Ländern auch der private Sektor als Geldgeber, der durch
die Förderung wenig zielführender Programme das Überschul-
dungsproblem oft erst ausgelöst oder zumindest verstärkt hat,
entsprechend in die Lösung des Problems eingebunden werden. Weiterhin könnte der IWF der Weltbank Mittel für eine
Eigennutzung im Rahmen des so genannten „Comprehensive
Development Framework" zur Verfügung stellen. Dies würde
die bisherigen, aus Zinseinnahmen resultierenden Eigenmittel der
Weltbank von heute mit etwa 100 Millionen US-Dollar pro Jahr
im Umfang beträchtlich zu erweitern erlauben. George Soros
erwähnt in diesem Zusammenhang besonders auch die bei
der Weltbank 1960 geschaffene Internationale Entwicklungsorganisation (International Development Association, IDA), die
Kredite zu niedrigen Zinsen an die ärmsten Länder vergibt,
ebenso die später von der Weltbank gegründete International
Finance Cooperation (IFC), die den Privatsektor mit Investitionen und Krediten versorgen kann, und schließlich die Multila-
terale-Investment-Garantie-Agentur (Multilateral Investment
Guarantee Agency, MIGA), die eine wichtige Rolle in der
Poverty Reduction Strategy von IWF und Weltbank spielt.

George Soros macht jedenfalls deutlich, dass die Weltbank heute Entwicklung ganzheitlich und nach einer neuen, weniger marktfundamentalistischen Logik fördert, als das früher der Fall war [109]. Das ist gut so. Allerdings kann die Weltbank wegen der Knappheit ihrer freien Mittel für Co-Finanzierung für diese neuen Ansätze nur vergleichsweise geringe Mittel verwenden. Hier ist ein substanzieller Schritt überfällig, der über einen Global Marshall Plan finanziert werden könnte. Die Solidität von IWF und WB in Finanzfragen sowie die dort bestehenden internationalen Kontrollen eröffnen zudem Voraussetzungen dafür, dass neue Mittel zukünftig anders, nämlich zielorientierter, wirkungsvoller und stärker rechenschaftspflichtig als bisher eingesetzt werden könnten. Möglicherweise hat das auf Dauer auch einen prägenden Einfluss auf eine noch bessere Nutzung der bisherigen Mittel für Entwicklungszusammenarbeit.

In [109] finden sich, in Ergänzung zu den in Kapitel II beschriebenen Anmerkungen, weitere interessante Hinweise zum Thema, die auf die Co-Finanzierung von Projekten vor Ort zielen, die in der Suche nach Unterstützung konkurrieren. Die Co-Finanzierung großer privater Fonds, die sich den weltweiten Herausforderungen stellen, ist ein weiteres Thema, ebenso die Einbindung regionaler Institutionen (analog zu der Vorgehensweise bei den EU Structural Funds) oder eine massive Einbindung von NGOs. Besonders zentral ist auch die Forderung, die sowohl von George Soros [108, 109] als auch von Muhammad Yunus, dem Gründer der Grameenbank [145] und einem der wichtigsten Vordenker der Kleinkreditbewegung, sowie weiteren Wissenschaftlern, die sich mit der Ökonomie der Armut beschäftigt haben, so etwa Hernando de Soto [17] und Amartya Sen [104], überzeugend erhoben wird, dass nämlich ein Großteil des Geldes (und damit deutlich mehr als bisher) den Menschen vor Ort zugute kommen muss, nicht bei Experten und Firmen der Geld gebenden Länder, auch wenn deren Einbindung, dort, wo Experten primär die Kompetenz zur Lösung von Problemen haben, immer in einem bestimmten Umfang erforderlich bleiben wird.

2. Mittelaufbringung im Rahmen der Welthandelsorganisation

Die WTO ist eine wichtige internationale Organisation und heute für die Weltökonomie das entscheidende institutionelle Fundament. Insbesondere die Gerichtsbarkeit und die massiven Sanktionsmöglichkeiten der WTO durch die Genehmigung von Strafzöllen seien an dieser Stelle genannt. Die WTO ist mit Blick auf die Einflussmöglichkeiten der ärmeren Länder im Gegensatz zu IWF und Weltbank auch deutlich „demokratischer", denn sie ist nach dem Konsensprinzip organisiert. Dennoch ist es auch bei der WTO so, dass die Wissens- und Organisationsvorsprünge der reicheren Länder und ihr Potenzial, ihre ökonomische Übermacht punktuell ins Spiel zu bringen (z. B. durch lokales Entgegenkommen), es diesen Ländern häufig ermöglicht, wenig faire Lösungen dennoch im Konsens durchzusetzen. Ungeachtet dieser kritischen Feststellungen hat aber gerade der kürzlich gescheiterte Entwicklungsgipfel in Cancún gezeigt, dass die ärmere Welt weitere Vereinbarungen verhindern kann. Die Blockade von Cancún gilt es zu überwinden. Dabei sind weitere Marktöffnungen der reichen Staaten zugunsten der sich entwickelnden Länder ein wichtiger Punkt. Unter Experten herrscht auch internationaler Konsens darüber, dass ein Stopp aller Exportsubventionen der reichen Länder im Bereich der Landwirtschaft überfällig ist.

George Soros ist insgesamt zuzustimmen, wenn er meint, dass die WTO erfunden werden müsste, wenn es sie nicht schon gäbe [109]. Das Problem für die Zukunft besteht allerdings darin, den globalen, sozialen und ökologischen Anliegen ebenso zur Durchsetzung zu verhelfen wie der Handelsseite. Hierzu sollte die WTO, ebenso wie IWF und Weltbank, in intelligenter Weise institutionell mit den anderen Regelungsbereichen verknüpft werden [87, 109]. Dieses Anliegen wird mit der Idee eines Planetary Contract verfolgt, und zwar durch die Koppelung aller involvierten internationalen Regime, so wie dies oben beschrieben wurde. Für einen Global Marshall Plan ist deshalb die WTO institutionell von höchster Bedeutung. Sie wird zum

Kern bzw. Anker eines auf Nachhaltigkeit hin ausgelegten Global Governance Systems, wenn Kernbereiche der ILO- und der globalen Umweltstandards über die WTO und gegebenenfalls über IWF und Weltbank mit Zustimmung aller Partner (ermöglicht durch Co-Finanzierungsangebote der entwickelten Welt) im Welthandel und ebenso in Kreditvergaben für Entwicklungsprojekte verbindlich gemacht werden.

Dies wäre der erste Schritt hin zu einer weltweiten Ökosozialen Marktwirtschaft [vgl. Kap. 28 in 87], einem Balanced Way. Handel und Entwicklung müssen, wie schon auf der Weltkonferenz in Rio 1992 gefordert, miteinander verknüpft werden. Zugleich sind hohe Schutzstandards zu etablieren. Wegen des innerhalb der WTO geltenden Konsensprinzips sind dort auf Dauer am ehesten Win-Win-Lösungen durchsetzbar.

Die WTO bietet aber noch einen zweiten Ansatzpunkt zur Findung von Lösungen: Wie die Weltfinanztransaktionen, so könnte auch der Welthandel mit seinen besonderen Wertschöpfungspotenzialen zur Finanzierung weltweiter Entwicklung unmittelbar beitragen. Es geht darum, innerhalb der WTO zu vereinbaren, dass globaler Handel künftig mit einer gewissen Abgabe zu versehen ist (Terra-Abgabe) [21, 87, 96, 110, 111], die zur Finanzierung von Investitionen für Entwicklung eingesetzt werden soll. Dies entspricht der Grundidee des so genannten Fairen Handels, wie er z. B. von NGOs und kirchlichen Organisationen propagiert und teilweise auch organisiert wird. Teppiche und Kaffee sind illustrative Beispiele für Importgüter aus ärmeren Ländern, bei denen entsprechende Lösungen, wenn auch nur in Teilen und auf freiwilliger Basis, bereits etabliert sind. Mit der vorgeschlagenen Terra-(Investitions-)Abgabe soll dieser Ansatz auf den gesamten Welthandel ausgedehnt und allgemein verpflichtend gemacht werden. Dabei sollen die durch eine Terra-Abgabe generierten Mittel vor allem investiv für die Förderung von Entwicklungsanliegen, aber auch für die Herstellung einer besseren Balance zwischen den Kulturen und für den Umweltschutz, also insgesamt für die Erreichung der Nachhaltigkeitsziele, eingesetzt werden. Dies ist voll mit den UN Millennium Development Goals kompatibel, macht die Welt insgesamt reicher und wird im Weiteren konkretisiert. Dabei gilt es zu verdeutlichen, dass dieser Ansatz gerade auch aus Sicht der Wirtschaft Sinn macht. Viele Unternehmen und erste Wirtschaftsverbände haben sich bereits in diese Richtung geäußert. Vor allem auch ein selektiver Einsatz von so erhobenen Mitteln für Investitionsprogramme in wichtigen Infrastrukturbereichen, z. B. Energie und Telekommunikation, findet sehr viel Zuspruch.

Der Welthandel hat, wie bereits erwähnt, derzeit ein geschätztes jährliches Volumen von etwa 8,5 Billionen (trillions) US-Dollar. Es setzt sich aus etwa 6,3 Milliarden sächlicher Handelsgüter, 1,6 Billionen internationaler gehandelter Dienstleistungen und 0,9 Billionen für Services im Bereich der Informations- und Kommunikationsdienstleistungen, die erst zukünftig der WTO zugeordnet werden sollen, zusammen.

Die Handelsregister der Staaten sind wegen der Zoll- und teilweise auch der Mehrwertsteuerthematik an den Grenzen detailliert geführt. Deshalb könnte ohne großen administrativen Aufwand über die Zoll- oder Finanzverwaltungen ein geringfügiger Aufschlag auf den internationalen Handel von Gütern realisiert werden, der dann z. B. über die WTO unmittelbar für Projekte verfügbar gemacht werden könnte. Eine Belastung des Welthandels mit einem Satz von etwa 0,5 Prozent würde zurzeit pro Jahr etwa 44 Milliarden US-Dollar für weltweite Entwicklungsförderung generieren. Eine Belastung von 0,5 Prozent ist kaum spürbar, weil der Importkostenanteil an den meisten Produkten selbst weit unter 50, in der Mehrzahl der Fälle, z. B. bei Bananen, Kaffee oder Benzin, sogar unter 20 Prozent des Verkaufspreises im Inland liegt. Allein die Preisschwankungen des Rohölpreises in Dollar, dann die zusätzlichen Schwankungen aufgrund von Veränderungen der Wechselkurse und schließlich die häufigen Steuererhöhungen auf Benzin bewegen sich in anderen Größenordnungen und gehören doch zu den regelmäßigen Erfahrungen jedes Einzelnen. So gab es

2003 in Deutschland nach Aussage des Statistischen Bun-
desamtes einen Preisanstieg von 4,4 Prozent bei Mineralöl-
produkten. Da sich dieser Anstieg auf den Endpreis und nicht
auf den Importpreis von Rohöl bezieht, hat er etwa den 50-
fachen Wert der vorgeschlagenen Terra-Abgabe. Diese läge
bei etwa einem Dollar pro Tonne Rohöl. Der Präsident des Club
of Rome, Prinz El Hassan bin Talal, fordert diesen Beitrag seit
langem als Abgabe auf Rohöl zur Förderung von Entwicklung
[23].

Die Mittelverwendung könnte von WTO-Seite direkt und ausschließlich in Wechselwirkung mit solchen sich entwickelnden
Staaten geschehen, die zukünftig als WTO-Mitglied abgestimmte Kernbereiche der ILO- oder Umweltstandards realisieren.
Zugleich könnte sich die WTO für Umsetzungsaufgaben auch
der Weltbank bedienen, unter anderem bei der Realisierung
von Programmen zur Überwindung von Analphabetismus oder
Ähnlichem. Vergleichbar ist die Situation bezüglich der Überwindung der digitalen Spaltung und der Realisierung von Tele-
kommunikations-Infrastrukturen. Hier wäre dann die ITU ein
geeigneter Partner. Besonders attraktiv ist dabei der Einsatz
erhobener Mittel in speziellen Marktsegmenten zur Finanzierung von Investitionsprogrammen im Infrastrukturbereich. Zum
Beispiel führt der genannte Abgabesatz von einem halben Prozent allein im Bereich der internationalen Telekommunikation
zu einem jährlichen Volumen von 4,5 Milliarden US-Dollar, das
z. B. für einen Digital Solidarity Fund, wie ihn die sich entwickelnde Welt – bisher ohne Erfolg – auf dem Weltgipfel zur Informationsgesellschaft (WSIS) im Dezember 2003 in Genf gefordert hat, aufgewendet werden könnte.

Der Anteil einer Welthandelsabgabe, der auf den Austausch
von Energieträgern entfallen würde, könnte zum Aufbau weltweiter Energiesysteme und insbesondre zur Förderung alternativer Energien eingesetzt werden, vgl. in diesem Kontext
[71, 121]. Hier würde eine Abgabenquote von 0,5 Prozent jährlich zu etwa 3,1 Milliarden Dollar führen. Die Rolle der OPEC

ist in diesem Zusammenhang noch genauer zu durchdenken.

Im Agrarbereich geht es um etwa 2,9 Milliarden US-Dollar (der aktuelle jährliche Entwicklungs-Förderbetrag in diesem Bereich liegt bei etwa acht Milliarden), die im Süden des Globus dringend für den Ausbau der Landwirtschaft gebraucht werden. Zu koppeln ist dies mit dem klaren Verbot aller Agrarexportsubventionen der reichen in die sich entwickelnden Länder sowie mit abgestimmten weiteren Marktöffnungen des Nordens im Agrarbereich, dies allerdings unter Beachtung von Multifunktionalitätsanforderungen hinsichtlich der Rolle der Landwirtschaft, wie sie die EU zukünftig vorsieht [87, 142].

Zu vermerken ist an dieser Stelle, dass reiner Freihandel für die Nöte im Bereich der Welternährung nicht der richtige Ansatz ist [87, 142]. Vielmehr wären dazu vorher die sozialen, kulturellen und ökologischen Standards weltweit geeignet anzugleichen und durch CO-Finanzierung zu ermöglichen, so wie dies durch einen ökosozialen Globalen Marshall-Plan angestrebt wird. Erst dann werden auf Dauer die Preise, z. B. für Transporte, die Wahrheit sagen. Konsequenterweise würden sich die Austauschrelationen zwischen Nord und Süd, vor allem bei Gütern niedriger Wertschöpfung, an dieser Stelle zu Gunsten der Landwirtschaft des Nordens verändern.

Besser als der Freihandel ist ein System der Co-Finanzierung aus wechselseitiger Förderung und Befruchtung unter Beachtung von Multifunktionalitätsanforderungen. Wird dies allerdings durch die reichen Länder verweigert, dann wird Freihandel zur legitimen Forderung der Armen, denn dies ist immer noch besser als nichts und setzt die Reichen argumentativ unter Druck. Es wird zugleich ein Glaubwürdigkeitsdefizit der reichen Welt offensichtlich, nämlich die „Verlogenheit" einer Argumentation, die selektiv auf unreguliertem Freihandel setzt, wenn es dem eigenen Vorteil dient, in anderen Fällen aber nicht bereit ist, auf den Schutz eigener Wertschöpfungsbereiche zu verzichten.

Der internationale Befund geht jedenfalls dahin, dass die Lage der lokalen Landwirtschaft ärmerer Länder, vor allem der Klein- bauern, durch reinen Freihandel verschlechtert und damit wirt- schaftliche, soziale und kulturelle Menschenrechte dieser Klein- bauern unterminiert würden. Dies gilt in ähnlicher Weise im Be- reich der Fischerei (industrielle Fischindustrie reicher Länder als Konkurrenz zum traditionellen Fischfang) sowie für viele von entwickelten Ländern oder internationalen Organisationen (z. B. über Bürgschaften oder Kreditvergabe) geförderte Großprojek- te, wie z. B. bei Dammbauten oder Minenprojekten. An diesen Projekten sind international operierende Großunternehmen oft wesentlich beteiligt. Wie oben schon dargestellt, gibt es deshalb mittlerweile eine in der Wissenschaft [97] und von NGOs [139] geführte Diskussion, ob solche Projektförderungen überhaupt mit den Verpflichtungen verträglich sind, die beispielsweise die deut- sche Bundesregierung mit dem 1996 erfolgten Beitritt zum In- ternationalen Pakt über wirtschaftliche, soziale und kulturelle Menschenrechte (IPWSKM) eingegangen ist. Aus diesem Ver- trag resultiert für die reichen Länder letztlich eine direkte Pflicht zu helfen, wenn Menschen in ihren Rechten unmittelbar bedroht sind, wenngleich diese Pflicht vom Umfang her nicht genau spe- zifiziert ist. Auf jeden Fall resultiert aus dem Pakt aber eine Pflicht, alles zu unterlassen, was die Situation der Betroffenen noch verschlimmern würde. Oft ist aber in den genannten Be- reichen genau das Gegenteil der Fall. Auf die Adressierung dieser Thematik durch die Weltbank wurde oben schon hinge- wiesen [119]. Hier wäre spätestens im Rahmen eines Plane- tary Contracts sicherzustellen, dass zukünftig bei Projektförde- rungen des genannten Typs zumindest adäquate Kompensa- tionen für die Betroffenen sichergestellt werden, z. B. auch im Bereich der Fischerei. Bei Agrarexporten ist, wie oben ausge- führt, auf eine völlige Abstellung zumindest jeder Art von Export- förderung von reichen Ländern hinzuwirken.

Bei Pharmaprodukten (generierte Mittel 500 Millionen US-Dollar pro Jahr) wäre das Ziel, die Mittel im internationalen Gesund- heitsbereich zur Entwicklung und zur kurzfristigen Verfügbar-

machung neuer Pharmaprodukte (inklusive einer gewissen Honorierung von intellektuellen Eigentumsrechten) zu nutzen. Hier
leistet übrigens die Gates Foundation mit einem Jahresbudget
von einer Milliarde Dollar Beachtliches; diese Aktivitäten könnten weiter unterstützt werden.

Die jährlichen globalen Militärausgaben wurden im Jahr 2002
auf rund 794 Milliarden US-Dollar geschätzt – angesichts der
sozialen Not auf diesem Globus ein Desaster. Der Zuwachs gegenüber dem Vorjahr betrug sechs Prozent und damit etwa
48 Milliarden US-Dollar, also fast so viel wie die gesamte weltweite Entwicklungshilfe. Dieser Zuwachs erfolgte im Wesentlichen in den USA. Der Trend setzte sich 2003 fort. Dabei wurden gemäß offiziellen Angaben Waffen im Wert von (nur) 35
Milliarden exportiert. Es steht außer Frage, dass die Militärausgaben durch Herbeiführung einer friedlicheren und ausgegli-
cheneren Welt mittelfristig massiv reduziert werden sollten. Zwischenzeitlich wären zumindest Kompensationsmaßnahmen wün-
schenswert. Im Umfeld der international legal gehandelten Waf-
fenströme würden bei einer Terra-Abgabe von 0,35 bzw. 0,5
Prozent Mittel in Höhe von etwa 120 bzw. 180 Millionen US-
Dollar frei werden. Dieses Geld könnte weltweit für den Wiederaufbau, die Unterstützung von Kriegswaisen und Minenopfern,
die Beseitigung von Minen und für die Friedensforschung eingesetzt werden. Angesichts der moralischen Problematik wäre
auch eine höhere Terra-Quote für Rüstungsgüter nahe liegend.
Dieser Gedanke wird aber an dieser Stelle aus Gründen der
Praktikabilität nicht weiter verfolgt.

Schließlich könnte ab 2012 die Ausgestaltung des Kyoto-Ver-
trages über eine faire (pro Kopf gleiche) Zuordnung von Verschmutzungsrechten und deren weltweitem Handel eine weitere interessante Finanzierungsquelle für Entwicklung eröffnen
[72, 87, 136, 137]. Auf dieses Thema wird später noch eingegangen. Hier „stiehlt" der Norden bisher ohne Kompensations-
zahlung Verschmutzungsrechte, die der Süden für seine zukünftige Entwicklung einmal dringend brauchen wird. Ein Groß-

teil der Mittel, die für einen Planetary Contract benötigt werden (geschätzt mindestens 40 Milliarden US-Dollar pro Jahr), könnte alleine dadurch aufgebracht werden, dass der Norden endlich für das bezahlt, was er sich schon seit Jahren zu Lasten des Südens kontinuierlich aneignet.

Mit Bezug auf die Arbeit [148] liegen die globalen CO_2-Emissionen aus fossilen Brennstoffen zurzeit bei etwa 25 Milliarden Tonnen pro Jahr, von denen der Norden (hier: Annex-B-Staaten des Kyoto-Protokolls) mit etwa 20 Prozent der Weltbevölkerung etwa 14,5 Milliarden Tonnen und die übrigen Staaten etwa 10,5 Milliarden Tonnen generieren. Ist das (Zwischen-) Ziel eine Rückführung auf die Gesamtemissionen von 1990 von etwa 22 Milliarden Tonnen und würde auf der Basis pro Kopf gleicher Emissionsrechte operiert, stünden den Annex-B-Staaten etwa 4,5 Milliarden Tonnen als ursprüngliche Rechte zu, weitere zehn Milliarden müssten als Rechte von anderen hinzugekauft werden. China schöpft übrigens mittlerweile mit etwa 3,4 Milliarden Tonnen seinen Anteil zu etwa 75 Prozent aus, Indien mit 1,05 Milliarden Tonnen erst zu etwa 29 Prozent. Vorläufig könnte man unter anderem über Wiederaufforstungsprogramme neue CO_2-Senken generieren bzw. über verschiedene Solarenergie-Lösungen große Einsparungen von CO_2-Emissionen in sonnenreichen Ländern realisieren. Für solche Ansätze wird derzeit ein Preis von etwa vier US-Dollar pro eingesparter Tonne gerechnet, der sich unter Marktdruck sicher noch weiter reduzieren lässt. Andererseits sind die preiswert erschließbaren Reduktionspotenziale begrenzt. Der Volumendruck wird weiter zunehmen, was den Preis wieder erhöhen wird. Setzt man vorerst einmal vier Dollar pro eingesparter Tonne ein und unterstellt einen vollen Zukauf von Rechten durch den Norden im Kontext einer fairen, pro Kopf gleichen Zugriffslogik [87], etwa im Sinne des in [136, 137] beschriebenen markt- und anreizorientierten globalen Klima-Zertifikat-Systems, so fallen auf diese Weise (mindestens) 40 Milliarden Dollar pro Jahr an Zahlungen des Nordens zugunsten des Südens an, die in Entwicklung investiert werden könnten. Offensichtlich ist, dass sich die Situation und damit die Kostenbelastung erheblich verschärfen würde, wenn eine weitere Senkung der weltweiten CO_2-Emissionen, etwa auf die Hälfte des Niveaus von 1990, angestrebt würde, wie dies international diskutiert wird.

Als temporärer Ersatz einer solch generellen, lebenspraktisch leider aber nur schwer durchsetzbaren Logik könnte heute schon der kurzfristig nutzbare CDM-Mechanismus des Kyoto-Protokolls im Sinne einer Ökosozialen Weltmarktwirtschaft operationalisiert werden, was leider viel zu wenig geschieht, aber bei der bisherigen Vertragslage jederzeit möglich ist [87]. Die bis heute völlig ungenügend ausgestattete Global Environmental Facility der UN zur Finanzierung CO_2-mindernder Projekte im Süden des Globus könnte über die Terra-Abgabe ebenfalls in einem flankierenden Schritt adäquat ausgestattet werden. Natürlich können die im Rahmen eines fairen Handels von CO_2-Emissionsrechten anfallenden Mittel auch als additive Finanzierungsquelle für die weltweite Entwicklung über das Jahr 2015 hinaus genutzt werden. Diese Sichtweise wird in diesem Text favorisiert.

Abschließend sei bemerkt, dass die WTO im Kontext der hier vorgeschlagenen Maßnahmen personell erheblich ausgebaut werden muss und dass die sich in den letzten Jahren allmählich stärker herausbildende Zusammenarbeit der WTO mit der ILO und vor allem der UNEP sowie anderen tangierten internationalen Organisationen deutlich ausgeweitet werden müsste. Dies gilt vor allem auch mit Blick auf die zu schaffende rechtliche letzte Zuständigkeit für das entstehende Global Governance System, für das die Rechtssprechungs- und Sanktionsmöglichkeiten der WTO eine wesentliche Ankerfunktion übernehmen sollten.

VII. Mittelumfang 2008 bis 2015

Die für einen Globalen Marshall-Plan erforderlichen Mittel sind darstellbar und aufzubringen. Die Belastungen sind minimal, sie müssen vor allem im Verhältnis zu den zu erzielenden Vorteilen gesehen werden. Sie sind nicht so sehr als Kosten, denn als ertragsbringende Investitionen zu sehen.

Neben vielen anderen Aspekten, so etwa den weiteren Markt-öffnungen der reichen Länder vor allem zugunsten der ärmsten Länder, zielt der Zedillo-Report für den Zeitraum 2002 bis 2015 auf alljährlich, 70 Milliarden US-Dollar (14-mal), was eine Gesamtsumme von 980 Milliarden an zusätzlichen Finanzmitteln zusätzlich zu den bisherigen 56 Milliarden pro Jahr ergibt. Wie in vorangegangenen Kapiteln bereits ausgeführt, unterstützt der britische Schatzminister Gordon Brown diese Position in seinem Weißbuch zur Rio+10 Konferenz 2003, ebenso George Soros in seinem Globalisierungs-Report [109]. Ferner kommen Untersuchungen von Beratungsgremien verschiedener UN-Unterorganisationen zu ähnlichen Schlüssen. Im vorliegenden Konzept wird auf einen internationalen Konsensprozess gehofft, der im Jahr 2007 zum Abschluss der benötigten Entscheidungen im Kontext des Zeitpunktes Rio+15 führt. Die Implementierung erfolgt in den Jahren 2008 bis 2015 und sollte schon aus Akzeptanzgründen auf der Geberseite ausschließlich in einem neuen Umsetzungsrahmen erfolgen, die bisherigen Hauptinstrumente von Entwicklungszusammenarbeit sollen daher nicht zum Tragen kommen. Weitere Anstrengungen für den Zeitraum nach 2015 werden in dieser Phase bereits vorbereitet.

Die Implementierung ab 2008 führt jährlich zu höheren Summen, als dies bei einem Start der Aktivitäten im Jahr 2000 der Fall gewesen wäre. Es wird eine Zweiteilung der Umsetzungsphasen vorgeschlagen, nämlich von 2008 bis 2011 und von 2012 bis 2015, um die Nutzung der Mittel zu optimieren und eine gleitende Strukturanpassung zu ermöglichen. Aus Verfahrensgründen werden Ansätze wie direkte staatliche Transfers, die Besteuerung von das Gemeinwohl belastenden ökonomischen Aktivitäten, ein fairer Handel von Ressourcenzugriffs- und Verschmutzungsrechten, das Auflegen von Fonds für Zukunftsinvestitionen, die Implementierung der International Finance Facility etc. nicht weiter verfolgt, wenngleich sie freilich in Nachdenkprozesse miteinbezogen werden. Nachfolgend werden jedoch lediglich drei Elemente exemplarisch besonders verfolgt: transferierte IWF-Sonderziehungsrechte (30 Milliarden US-Dollar in den Jahren 2008 bis 2011, 40 Milliarden für den Zeitraum 2012 bis 2015), eine Tobin-Abgabe (0,01 Prozent in der Phase 2008 bis 2011 mit einem jährlichen Volumen von etwa 30 Milliarden US-Dollar und 0,02 Prozent in den Jahren 2012 bis 2015 mit einem jährlichen Volumen von rund 40 Milliarden) und schließlich eine Terra-Abgabe (von 0,35 Prozent im Zeitraum 2008 bis 2012 mit einem jährlichen Volumen von etwa 30 Milliarden US-Dollar und von 0,5 Prozent für 2012 bis 2015 mit einem jährlichen Volumen von etwa 42 Milliarden). Die entsprechenden Zahlen sind nachfolgend dargestellt. Dabei wird berücksichtigt, dass nach UN-Angaben zwischenzeitlich mit Beginndatum 2006 zwölf Milliarden US-Dollar an Mitteln für die Entwicklungszusammenarbeit zugesagt wurden. Im Zeitraum 2002 bis 2015 sind also noch etwa 860 Milliarden zusätzlich aufzubringen. Der 2012 bis 2015 erreichte Stand an internationaler Co-Finanzierung bildet einen guten Ausgangspunkt für den Übergang in eine weltweite Ökosoziale Marktwirtschaft, der ab 2015 vorgenommen werden sollte. Dies gilt gleichermaßen für die Sicherstellung von mindestens 0,7 Prozent des Bruttosozialproduktes der Geberländer für Entwicklungszusammenarbeit.

Hinweise:

(1) Die angegebenen sektoriellen Mittelzuflüsse und damit Investitionspotenziale eröffnen eine Chance direkter Um-

setzungsmöglichkeiten, z. B. zur Überwindung der digitalen Spaltung oder zur Förderung der Zusammenarbeit im Ernährungsbereich, die genutzt werden sollte.

(2) In die Zahlen sind Annahmen über das weitere weltweite Wirtschaftswachstum und seine Verteilung aus Vereinfachungsgründen nicht aufgenommen worden, da sie das prinzipielle Bild ohnehin nicht verändern würden.

Interessant ist, dass das Gesamtvolumen an Co-Finanzierung im Jahr 2015 statt heute 56 Milliarden auf über 190 Milliarden US-Dollar anwächst. Dies entspricht dann, wie oben schon dargestellt, in etwa den angestrebten 0,7 Prozent des Bruttosozialprodukts der Geberländer und ist vielleicht die halbe Größenordnung dessen, was aus Sicht des Autors für eine gedeihliche weltweite Entwicklung ab 2015 gebraucht werden würde. Dem stehen aber Stimmen von Experten entgegen, die besagen, dass bei richtigem Mitteleinsatz auch wesentlich geringere Volumina ausreichen könnten, beispielsweise in Orientierung an einem Kernstück wirksamer EU-Integrationsmittel, nämlich den im Umfang bei etwa 0,27 Prozent des EU-Bruttosozialproduktes liegenden Mitteln für Strukturförderung [53]. Diese Stimmen setzen auf die Förderung internationaler Investitionen unter Beachtung sozialer Anforderungen und auch auf Rücküberweisungen aus internationaler Arbeitsmigration, die noch besser gestaltet werden sollten. In dem hier verfolgten Ansatz werden alle diese Möglichkeiten additiv gesehen, denn die Größe der vor uns liegenden Aufgabe ist gigantisch und erfordert viele Beiträge aus diversen Bereichen.

Zur Einschätzung der hier genannten Mittelumfänge, die letztlich auf den UN Zedillo-Report zurückgehen (http://www.un.org/reports/financing/full_report.pdf), beachte man allerdings, dass diese Summe aus heutiger Sicht immer noch nicht ganz ausreichen würde, um durch Direktzahlungen in Form einer Weltsozialhilfe die ärmste Milliarde Menschen auf diesem Globus über die magische Grenze von einem Dollar pro Tag zu heben. Wenn man sich überlegt, welche sozial motivierten Transfers entwickelte Länder innerhalb ihrer Grenzen zur Herbeiführung von Balance und zur Sicherung einer Perspektive für alle für notwendig erachten, und dann die weltweite Lage vergleicht, wird deutlich, welche Aufgaben noch vor uns liegen. So etwa würde die Bereitstellung von auch nur einem US-Dollar Sozialhilfe für die ärmere Hälfte der Menschheit pro Tag, die unter Bedingungen einer Weltdemokratie ein Minimum an Transfer wäre, zu einem jährlichen Volumen von etwa 1.000 Milliarden US-Dollar führen. Dies zeigt erneut die enormen Diskrepanzen, die zurzeit auf diesem Globus bestehen.

Direkter Transfer steht jedoch nicht im Vordergrund des Vorschlags für einen Globalen Marshall-Plan. Derartige Transfers leisten zu wenig, obwohl auch solche Elemente zugunsten der Ärmsten zur Vermeidung von Hunger und Not erforderlich sein werden. Es geht aber ansonsten vorrangig um „Seed Money", also um indirekte Effekte, die eine große Hebelwirkung entfalten, wie sie etwa heutige EU-Garantien für Kleinkreditbanken bewirken, denen in der Folge AAA-Rückfinanzierungsmöglichkeiten auf den Finanzmärkten zustehen. Eine große Hebelwirkung ist eine Schlüsselfrage, wenn es darum geht, durch indirekt induziertes Wachstum ein Vielfaches dessen an Effekten zu ermöglichen, was bei direkten Transfers möglich wäre.

Terra-Abgabe (sektoriell) in Mrd. US$											
	2006	2007	2008	2009	2010	2011	2012	2013	2014	2015	
Telekommunikation (900 Mrd US$)	0	0	3,15	3,15	3,15	3,15	4,50	4,50	4,50	4,50	30,60
Energie (620 Mrd US$)	0	0	2,17	2,17	2,17	2,17	3,10	3,10	3,10	3,10	21,08
Agrarwirtschaft (580 Mrd US$)	0	0	2,03	2,03	2,03	2,03	2,90	2,90	2,90	2,90	19,72
Pharmaprodukte (100 Mrd US$)	0	0	0,35	0,35	0,35	0,35	0,50	0,50	0,50	0,50	3,40
Militärausgaben (35 Mrd. US$)	0	0	0,12	0,12	0,12	0,12	0,18	0,18	0,18	0,18	1,19

Zusätzliche Quellen zur Finanzierung der Millennium Goals in Milliarden US-Dollar

	2002-2005	2006	2007	2008	2009	2010	2011	2012	2013	2014	2015	
Entwicklungshilfe heute (in Milliarden US-$)	224	56	56	56	56	56	56	56	56	56	56	
Zugesagte zusätzliche Volumina (ab 2006)	0	12	12	12	12	12	12	12	12	12	12	120
Sonderziehungsrechte (werden vom Norden (mit-)getragen; fließen sich entwickelnden Ländern zu)	0	0	0	30	30	30	30	40	40	40	40	280
Tobin-Abgabe (auf 300 Billionen/200 Billionen US-$): 0,01 % von 2008 bis 2011 / 0,02 % von 2012 bis 2015	0	0	0	30	30	30	30	40	40	40	40	280
Terra-Abgabe (auf 8,5 Billionen US-$ Handelsvolumen): 0,35 % von 2008 bis 2011 / 0,50 % von 2012 bis 2015	0	0	0	29,7	29,7	29,7	29,7	42,4	42,4	42,4	42,4	288,4
Summe		68	68	158	158	158	158	190	190	190	190	1528
Zusätzlich aufgebrachte Mittel bis 2015 (Milliarden US-$)												978,4

Abschließende Hinweise

Das Programm für einen Global Marshall Plan/Planetary Contract ist ambitioniert, denn die weltweiten Problemlagen erfordern einen solchen Schritt. Eine gute Ausgangssituation besteht insofern, als sich viele weltweit bereits thematisierten Maßnahmen, Abkommen und Aktionsformen fast wie ein Puzzle zusammenfügen, wenn man die spieltheoretischen Blockaden durch einen ökosozialen Ansatz überwindet, der weitere Marktöffnungen der reichen Länder und eine Co-Finanzierung in Wechselwirkung mit der Bereitschaft zur Akzeptanz von Standards in das Zentrum eines neuartigen Designs für ein zukünftiges Global Governance System rückt. Während die heute existierenden Einzelregime wie die ILO in ihrer Entwicklung über viele Jahre schwierige Regelungen in einer Vielfalt von Detailbereichen erarbeiten und abstimmen mussten, ist die jetzt anstehende Integrationsaufgabe verschiedener Regionen vom Design und den erforderlichen Textumfängen her eine bedeutend einfachere Aufgabe, die, sofern der Wille zu einem „Deal" vorhanden ist, kurzfristig fixierbar und umzusetzen ist. Die Initiative Global Marshall Plan/Planetary Contract verfolgt dieses Ziel mit Nachdruck.

Es ist für die Beteiligten ermutigend, wie groß die Zustimmung prominenter Personen aus Politik, Wirtschaft, Wissenschaft sowie von Akteursgruppen über alle gesellschaftlichen Bereiche hinweg für diesen Ansatz ist (vgl. hierzu auch den Anhang 2). Hier gilt es anzusetzen und mit den Anstrengungen nicht nachzulassen. Es geht um viel – es geht um eine gedeihliche Zukunft für diesen Globus [91].

Danksagung/Zu diesem Text

Der vorliegende Text hätte in dieser Form nicht entstehen können ohne die enge Zusammenarbeit und intensive Wechselwirkung mit vielen Partnern, die die Global-Marshall-Plan-Initiative tragen. Hierzu gehören insbesondere auch zahlreiche Vertreter der jungen Generation, die sich in den betreffenden Stiftungen und NGOs der Zukunftsfragen annehmen. Besonders wichtig war hier die Unterstützung von Mitgliedern folgender Organisationen: Stiftung Weltvertrag, Foundation Global Marshall Plan, Ökosoziales Forum Europa, Club of Rome, Club of Budapest, YOIS, Global Society Dialogue des früheren Information Society Forums der EU, Bundesverband für Wirtschaftsförderung und Außenwirtschaft (BWA), Rotarische Initiative für Bevölkerungsentwicklung (RIFPD), Universitäts.Club Klagenfurt, (der im Aufbau befindliche) Weltzukunftsrat, das EU-Projekt Terra 2000 zu Fragen der Globalisierung und einer nachhaltigen Entwicklung sowie die betreffenden Projekte und daran beteiligten Mitarbeiter am FAW in Ulm.

Verwiesen sei des Weiteren auch auf alle Personen und Institutionen, die an den Treffen der Initiative für Weltfrieden, Nachhaltigkeit und Gerechtigkeit am 16. Mai 2003 in Frankfurt, am 14. und 15. November 2003 in Haus Rissen/Hamburg, am 29. und 30. Januar 2004 sowie am 4. und 5. Mai 2004 in Brüssel teilgenommen haben. Besonders sei Frithjof Finkbeiner in seiner Rolle als unermüdlicher und wirkungsvoller Kämpfer und Organisator für die Initiative sowie Helge Bork und Maike Sippel, stellvertretend für das professionell und engagiert arbeitende Team im Büro der Initiative in Haus Rissen, Hamburg, für ihre unverzichtbare Unterstützung gedankt.

Explizit genannt seien hier, in alphabetischer Reihenfolge: Josip Baotic (Ökosoziales Forum Kroatien), Helge Bork (Stiftung Weltvertrag), Guido Eberhard (attac), Frithjof Finkbeiner (Stiftung Weltvertrag), Klaudius Gansczyk (Gesellschaft für Interkulturelle

Zusammenarbeit), Maximilian Gege (B.A.U.M. e. V.), Dieter Härthe (Bundesverband für Wirtschaftsförderung und Außenwirtschaft (BWA), Andreas Henschel (Bundesverband für Wirtschaftsförderung und Außenwirtschaft (BWA), Karl Peter Hasenkamp
(Theodor Heuss Akademie Gummersbach), W. Heidrich (For-
schungszentrum Jülich), Peter Hesse (Peter-Hesse-Stiftung),
Manfred Höhl (Fraunhofer Services, Berlin) Peter Johnston (EU-
Commission), Thomas Kämpke (FAW Ulm), Reinhard Kappe
(Brot für die Welt, Stuttgart), Prof. Milan Konecny (World Carto-
graphic Society, Brno), Uwe Möller (Club of Rome), Maartje
van Putten (Inspection Panel World Bank), Josef Riegler (Öko-
soziales Forum Europa), Thomas Schauer (European Support
Centre des Club of Rome, Wien) , Maike Sippel (Stiftung Welt-
vertrag), Ernst Scheiber (Ökosoziales Forum Österreich), Hans
Martin Scheuch (Rotarian Fellowship on Population and Deve-
lopment), Surjo R. Soekadar (Stiftung Weltvertrag, Projektleiter
der Initiative), Peter Spiegel (Club of Budapest), R. K. Stappen
(Franz von Assisi Akademie zum Schutz der Erde e. V.), Markus
Stark (FAW Ulm), Ernst Ulrich von Weizsäcker (Club of Rome),
Raoul Weiler (Club of Rome), Anders Wijkman (Club of Rome),
Horst W. Zillmer (Stiftung Kinder in Afrika) sowie Robert Zin-
ser (Rotarian Fellowship on Population and Development).

Auf wissenschaftlicher Seite gilt mein Dank meinen Kollegen
Wolfgang Eichhorn (TU Karlsruhe) und Joachim Voeller (Universität Ulm) für die Hilfe bei Einzelfragen, Rolf H. Möhring
(TU Berlin) für den ständigen Austausch zum Thema sowie
ganz besonders Paul Stähly (Hochschule St. Gallen), der mich
in der Erarbeitung der hier dargestellten Überlegungen seit
Jahren und vor allem in den letzten Monaten sehr intensiv
unterstützt hat.

Dem Ökosozialen Forum Europa und seinem Präsidenten,
Vizekanzler a. D. Dipl.-Ing. Dr. h. c. Josef Riegler, sowie seinem
Geschäftsführer Prof. Dkfm. Ernst Scheiber danke ich dafür,
dass sie erneut die Idee, Motivationskraft und organisatorische
Stärke aufgebracht haben, dieses Buch in der vorliegenden

Form zu publizieren und Übersetzungen und Publikationen in weitere Sprachen zu unterstützen. Für die redaktionelle Betreuung und die Edition gilt mein Dank den beiden Mitarbeitern des Ökosozialen Forums Österreich, Doris Hofbauer und Dipl.-Ing. Roland Wallner.

Meiner Sekretärin Sabine Grau und weiteren Mitarbeiterinnen, insbesondere Regina Simon, danke ich für die Geduld und die engagierte und professionelle Betreuung des schwierigen Entstehungsprozesses dieses Textes.

Schließlich gilt mein Dank meinem viel zu früh verstorbenen Kollegen und Mitstreiter Robert Pestel (EU-Kommission, † 18.04. 2003), ohne den diese Überlegungen nicht in der Weise entstanden wären, wie sie mittlerweile vorliegen.

Literatur

1   Affemann, N., Pelz, B. F., und Radermacher, F. J.: „Globale Herausforderungen und Bevölkerungsentwicklung. Die Menschheit ist bedroht", Beitrag für den Beirat der Deutschen Stiftung Weltbevölkerung e. V., Landesstelle Baden-Württemberg 1997

2   Alt, F., et al.: Aktion „Globale Umweltpartnerschaft – Aufruf zu einem Ökologischen Marhsallplan", Berlin 1997

3   Annan, K. (Hrsg.): Brücken in die Zukunft – Ein Manifest für den Dialog der Kulturen, Frankfurt/Main 2001

4   Annan, K.: Der UNvollendete Weg – Die Vereinten Nationen im 21. Jahrhundert, Hamburg 2003

5   Annan, K.: UN Secretary General's Message for New Year 2004, http:\\www.un.org/News/Press/docs/2003/sgsm9095. doc.htm

6   Andersen, N. S.: „Bericht der ILO-Weltkommission zur sozialen Dimension der Globalisierung", in: Newsletter der Stiftung Weltvertrag, 1/2004

7   Bartosch, U., Wagner, J. (Hrsg.): Weltinnenpolitik. Zur Theorie des Friedens von Carl Friedrich von Weizsäcker, Münster 1998

8   Baus, R. T., von Wilamowitz-Moellendorff, U.: „Globalisierungsdebatte III: ATTAC – Die neue außerparlamentarische Opposition?", in: Arbeitspapiere der Konrad Adenauer Stiftung e. V., Nr. 124, 2004

9   Behrendt, S., Gartzke, U.: „Auf der Suche nach einer neuen globalen Ordnung", in: Internationale Politik, 2/2004, Davos 2004

10 Braungart, M., McDonough, W.: Einfach intelligent produ-
    zieren, Berlin 2003

11 Braungart, M., Ketelhut, R., Rivière, A.: Eco-effective design
    of products and production systems – Eight theses on
    methodological and institutional prerequisites.

12 Brown, G.: „Tackling Poverty: A Global New Deal. A Modern
    Marshall Plan for The Developing World", Pamphlet based
    on the speeches to the New York Federal Reserve, 16 No-
    vember 2001, and the Press Club, Washington D.C., 17
    December 2001, February 2002

13 Brown, G.: Speech by the Chancellor of the Exchequer
    Gordon Brown at the conference on „Making Globalisation
    Work For All – The Challenge Of Delivering The Monter-
    rey Consensus, London, 16 February 2004; The full text of
    the speech can be found at:http:\\www.hm-treasury.gov.uk/
    Newsroom_and_Speeches/ Press/2002/press_46_02.cfm

14 Brunnhuber, S., Klimenta, H.: Wie wir wirtschaften werden.
    Szenarien und Gestaltungsmöglichkeiten für zukunftsfä-
    hige Finanzmärkte, Frankfurt/Wien 2003

15 Bundesministerium für wirtschaftliche Zusammenarbeit und
    Entwicklung (Hrsg.): BMZ Spezial: „Sexuelle und reproduk-
    tive Gesundheit (SRG)", Po-sitionspapier des BMZ, Berlin
    2003

16 Camerer, C., Thaler, R.: „Ultimatums, dictators, and man-
    ners", In: Economic Perspectives 9, 209-219, 1995

17 de Soto, H.: The Mystery of Capital: Why Capitalism Tri-
    umphs in the West and Fails Everywhere Else, New York
    2000

18 Deutsche Stiftung Weltbevölkerung (Hrsg.): Diverse Mate-

rialien zum Thema „Weltbevölkerungsentwicklung", www. dsw-online.de

19 Deutsche Stiftung Weltbevölkerung (Hrsg.): DSW newsletter 6/2003, www. dsw-online,.de

20 Devarajan, S., Miller, M. J., Swanson, E. V.: „Goals for Development: History, Prospects and Costs", Studie der Weltbank, April 2002

21 Dürr, H. P.: Für eine zivile Gesellschaft. Beiträge zu unserer Zukunftsfähigkeit, München 2002

22 Eberhard, G.: Überlegungen zu einem neuen Consensus. Personal communication, 2004

23 El Hassan bin Talal: Third Environmental Forum, Global Foresight Lecture. DaimlerChrysler Environmental Symposium, Magdeburg, 17 November 2003

24 epd (Evangelischer Pressedienst): Phoenix aus der Asche: Die Tobin-Steuer wird den Weltsozialgipfel beschäftigen. Entwicklungspolitik 9/10/ 2000; www.epd.de

25 FAO (ed.): The State of Food Insecurity of the World 2003; ftp://ftp.fao.org/ docrep/fao/006/j0083e/j0083e00.pdf

26 Fay, M., T. Yepes: Investing in Infrastructure. What is Needed from 2000 to 2010? The World Bank, Policy Research Working Paper 3102, July 2003

27 Forum Informationsgesellschaft (ed.): Informationsgesellschaft, Globalisierung und nachhaltige Entwicklung – Perspektiven für einen europäisch-inspirierten Weg. Bielefeld, 2000

28 Gansczyk, K.: Zukunftsfähige Visionen in der Bildungspraxis. In: Kongressband zum „Millenniums-Konress Ethik,

Politik und Bildung angesichts der Globalisierung", 2003

29 Gege, M.: „Die Zukunftsanleihe" – Ein Modell für Deutsch-
    lands Weg aus der Krise. Ökom-Verlag, 2004

30 Geiss, J., Wortmann, D., Zuber, F. (eds.): Nachhaltige Ent-
    wicklung – Strategie für das 21. Jahrhundert? Leske +
    Budrich, Opladen, 2003

31 George, S.: Clusters of Crisis and a Planetary Contract.
    Budapest, 18 October 2001. For more information, plea-
    se see http://www.tni.org/archives/ george/clusters.htm

32 George, S.: ATTAC, Attac Frankreich diskutiert den Glo-
    balen Marshall Plan, http://www.attac.org, www.tuni.org/
    george

33 Global Society Dialogue: www.global-society-dialogue.org

34 Gorbatschow, M.: Mein Manifest für die Erde – Jetzt han-
    deln für Frieden, globale Gerechtigkeit und eine ökologi-
    sche Zukunft. Campus, Frankfurt/New York 2003

35 Gore, A.: Wege zum Gleichgewicht – Ein Marshallplan für
    die Erde. S. Fischer Verlag GmbH, Frankfurt, 1992

36 Gore, A.: The Digital Earth: Understanding our planet in
    the 21st Century, given at the California Science Center,
    Los Angeles, California, on January 31, 1998, www.digi-
    talearth.gov/VP19980131.html

37 Gorz, A.: Misère du présent – richesse du possible. Galilée,
    Paris, 1997

38 Grefe, Ch., Greffrath, M., Schumann, H.: Attac – Was
    wollen die Globalisierungskritiker?, Rowohl-Berlin Verlag
    GmbH, Berlin, 2002

39 Hamburgisches Welt-Wirtschafts-Archiv (ed.): Jahresbericht
    2002. Hamburg, 2002

40 Hasenkamp, K.P.,: Sanierung des Globus, Theodor-Heuss-
    Akademie, Gummersbach, Seminar Erdpolitik, Februar 1992,
    Programm-Vorschlag zur Sanierung des Globus, Vortrag
    12.02.1992

41 Hawrylyshyn, B.: Road Maps to the Future, Towards more
    effective societies, A Report to the Club of Rome, Perga-
    mon Press, Oxford, 1980

42 Hefeker, C.: Handels- und Finanzarchitektur im Umbruch:
    Globale Integration und die institutionelle Arbeitsteilung
    von IWF, Weltbank und WTO. HWWA Discussion Paper
    225, Hamburg Institute of International Economics, 2003

43 Heidrich, W.: Personal communication, 2004

44 Hengsbach, F.: Gegen Unmenschlichkeit in der Wirtschaft –
    Der Hirtenbrief der Katholischen Bischöfe der USA „Wirt-
    schaftliche Gerechtigkeit für alle". Herder, Freiburg, Basel,
    Wien, 1987

45 Hesse, P.: Wirksamer Mitteleinsatz zur nachhaltigen Hei-
    lung globaler Missstände und Ungerechtigkeiten, insbe-
    sondere im Rahmen des Konzeptes eines globalen Mar-
    shallplans, Konzeptionelle Anregungen aus der Praxis von
    Peter Hesse, Peter-Hesse-Stiftung, Kaarst-Büttgen, Ger-
    many, 2004, www.solidarity.org

46 Hettlage, R.: Die anthropologische Konzeption des Genos-
    senschaftswesens, Theorie und Praxis – Welche Chance
    hat der „homo cooperativus"? In: Laurinkari (ed.) Genos-
    senschaftswesen, Oldenbourg Verlag, München/Wien, 1990

47 ILO-Report: www.ilo.org/wcsdg

48 Information Society Forum (ed.): The European Way for the Information Society. European Commission, Brussels, 2000

49 International Labour Organization (ILO) (ed.): Report of the Director-General: Appendix. Report on the situation of worker of the occupied Arab territories. International Labour Conference, 90th Session, June 2002, International Labour Office, Geneva. ISBN 92-2-112426-6

50 International Monetary Fund: Financing the Fund´s Operations – Review of Issues. April 2001; www.imf.org

51 International Planned Parenthood Federation: http:\\www.ippf.org

52 International Programm on the Elimination of Child Labour (IPEC): Investing In Every Child – An Economic Study of the Costs and Benefits of Eliminating Child Labour, International Labour Office , Geneva, December 2003

53 Johnston, P.: Comments on the proposed GMP, 05-02-04, personal communication

54 Kapitza, S.P.: Global Population Blow-Up and After. Information Society and the Demographic Revolution. 2003. Available via sergey@kapitza.ras.ru

55 Kaul, I., P. Conceição, K. Le Goulven, R. U. Mendoza (eds.): Bereitstellung globaler öffentlicher Güter. Globalisierung gestalten. UNDP Entwicklungsprogramm der Vereinten Nationen. New York, Oxford, Oxford University Press, 2003

56 Khor, M.: Globalisierung gerechter gestalten. NWWP-Verlag, Stuttgart, 2002

57 Kleinwächter, W.: Auf dem Weg zum UN Weltgipfel der

Informationsgesellschaft (WSIS): Ein Tagebuch. to be published in: Global Contract Watch, 2003; www.weltvertrag. org

58 Koch, Joachim: Megaphilosophie. Das Freiheitsversprechen der Ökonomie. Steidl Taschenbuch 182, Göttingen, 2003

59 Köhler, H.: Orientierung für eine bessere Globalisierung, Öffentliche Antrittsvorlesung anlässlich der Verleihung der Honorarprofessur an der Eberhard Karls Universität zu Tübingen, 16.10.2003

60 Konecny, M.: The Digital Earth: Spatial Data Infrastructures from Local to Global concept. In Proceedings on the Int. Symposium on Digital Earth, „Towards the Digital Earth", Beijing, 1999

61 Konecny, M.: (ed.): Proceedings „Digital Earth – Information Resources for Global Sustainability" conference, 21.– 25.09.2003, Brno, Czech Republic, Introduction: Masavyk University Brno. 2003, ISBN: 80-210-3223-5-210

62 Küng, H.: Projekt Weltethos, 2. Aufl., Piper Verlag, München, 1993

63 Küng, H.: Weltethos für Weltpolitik und Weltwirtschaft. Piper Verlag, München, 1997

64 Küng, H. (ed.): Globale Unternehmen – globales Ethos. Frankfurter Allgemeine Buch, Frankfurt, 2001

65 Küng, H., Dieter Senghaas (ed.): Friedenspolitik: Ethische Grundlagen internationaler Beziehungen. Piper, München, 2003

66 Lebensministerium.at (ed.): Ways towards Sustainability in the European Union – beyond the European Spring,

Summit 2003, Schriftenreihe des BMLFUW, Band 9/2003, Republik Oesterreich, Bundesministerium für Land- und Forstwirtschaft, Umwelt und Wasserwirtschaft, November 2003

67   Maier-Rigaud, F. P. und Maier-Rigaud, G.: Das neoliberale Projekt. Metropolis-Verlag Marburg, 2001, S. 201–306

68   Merry, P.: Strategies for Bridging Global Gaps. A Report from the Forum 2000 Conference 2003. see http://www.naturaldesign.nl/articles.html

69   Mesarovic, M. D., Pestel, R., Radermacher, F. J. : Which Future? Manuscript to the EU-Project TERRA 2000, FAW, Ulm, 2003

70   Möller, U., Radermacher, F. J., Riegler, J., Soekadar, S. R., Spiegel, P.: You can change the world – Global-Marshall-Plan-Initiative: Überwindung der globalen Armut und Umweltzerstörung durch eine globale Ökosoziale Marktwirtschaft. Mehr Informationen unter www.globalmarshallplan. org; erscheint als Taschenbuch, 2004

71   Moser, A. und J. Riegler: Konfrontation oder Versöhnung? Ökosoziale Politik mit der Weisheit der Natur! Leopold Stocker Verlag, Graz, Stuttgart, 2001

72   Nachhaltigkeitsbeirat Baden-Württemberg (NBBW): Nachhaltiger Klimaschutz durch Initiativen und Innovationen aus Baden-Württemberg. Sondergutachten, Stuttgart, 2003

73   Neirynck, J.: Der göttliche Ingenieur. expert-Verlag, Renningen, 1994

74   Odysseum Köln (ed.): Odysseum Köln – Leben . Wissen . Zukunft. Publikumsbroschüre, 2004

75 Odysseum Köln (ed.): Odysseum Köln – Leben . Wissen . Zukunft. Partnerinformation, 2004

76 Oesterreichische Industriellen Vereinigung: Oesterreich. Nachhaltig.Gestalten – Die IV-Zukunftsstrategie für Wirtschaft, Politik und Gesellschaft, Medieninhaber und Herausgeber: Industriellenvereinigung, Schwarzenbergplatz 4, 1031 Wien, Juni 2003

77 Ott, E., Santarius, T. und Heym, A.: Sustainable Governance, Globale Umwelt- und Nachhaltigkeitspolitik am Beginn des 21. Jahrhunderts. Wuppertal Institut, 2003

78 Pestel, R., Radermacher, F. J.: Equity, Wealth and Growth: Why Market Fundmentalism Makes Countries Poor. Manuscript to the EU-Project TERRA 2000, FAW, Ulm, 2003

79 Pestel, R., Radermacher, F. J.: ICT and Sustainability: Is there a Chance? Manuscript to the EU-Project TERRA 2000, FAW, Ulm, 2003

80 van Putten, M.: Personal communication, 2004

81 Radermacher, F. J.: Globalisierung und Informationstechnologie. In: Weltinnenpolitik. Internationale Tagung anlässlich des 85. Geburtstages von Carl-Friedrich von Weizsäcker, Evangelische Akademie Tutzing, 1997. In (U. Bartosch und J. Wagner, eds.) S. 105-117, LIT Verlag, Münster, 1998

82 Radermacher, F. J.: Hoffnungen: Zukunftsfragen der Menschheit – Problembereiche, Lösungsansätze und Hinweise zu 20 Hoffnungmachenden Initiativen. Manuskript, Ulm, 1999

83 Radermacher, F. J.: Globalisierung, Bevölkerungsentwicklung und Nachhaltigkeit: Herausforderungen für die Gesellschaft und die Rolle von ROTARY. Sonderdruck Interdistriktskonferenz 2000 (Distrikt 1980 und 2000), Luzern/

Schweiz, 2000

84 Radermacher, F. J. (ed.): Informationsgesellschaft und nachhaltige Entwicklung. Wissensverarbeitung und Gesellschaft. Universitäts-Verlag Ulm GmbH, 2000

85 Radermacher, F. J.: New Economy. Börschenrausch und Greencard: Spielt die Welt verrückt oder hat alles seine Logik? In: Wohin geht die Wissensgesellschaft? (R. Rüdel, C. Stadelhofer, eds.), Band 9, S. 80–128, Kleine Verlag, Bielefeld, 2002

86 Radermacher, F. J.: Die neue Zukunftsformel. bild der wissenschaft, Heft 4/2002, S. 78-86, April 2002

87 Radermacher, F. J.: Balance oder Zerstörung: Ökosoziale Marktwirtschaft als Schlüssel zu einer weltweiten nachhaltigen Entwicklung. Ökosoziales Forum Europa (ed.), Franz Josefs-Kai 13, A-1010 Wien, August 2002

88 Radermacher, F. J.: Herausforderungen an den Standort Deutschland (2003): Keine einfachen Zeiten. Textmanuskript, FAW, Ulm, 2003

89 Radermacher, F. J.: Die Zukunft der Wirtschaft: Nachhaltigkeitskonformes Wachstum, sozialer Ausgleich, kulturelle Balance und Ökologie. Tagung des Universitäts.Clubs Klagenfurt, Abbazia di Rosazzo, Friaul/Italien, 2003

90 Radermacher, F. J.: Application of the Terra 2000 results: towards the Global Marshall Plan. Manuscript to the EU-Project TERRA 2000, FAW, Ulm, 2003

91 Radermacher, F. J., S. Wehsener: The Globalization Saga. Balance or Destruction – Balance oder Zerstörung. Storybook (ISBN 3-89559-260-9), Video und CD zum Musical. FAW, Ulm, 2003. Bestellbar über das FAW unter Fax

0731 501-111 oder radermacher@faw.uni-ulm.de

92 Report of the National Energy Policy Development Group: Reliable, Affordable, and Environmentally Sound – Energy for America's Future, Washington, May 16th, 2001, U.S Government Printing Office, http:\\www.bookstore.gpo.gov, ISBN 0-16-050814-2

93 Riegler, J.: Anworten auf die Zukunft, Ökosoziale Marktwirtschaft 1990, Adolf Holzhausens Nfg., Wien, ISBN 3-900-518-05-X

94 Rotarian Fellowship Population and Development. See www. rifpd.de; for more information, please contact Past-Gov. Robert Zinser (robert.zinser@ t-online.de)

95 Rüstow, A.: Das Versagen des Wirtschaftsliberalismus. Metropolis-Verlag Marburg, 2001, S. 19-200

96 Sabet, H.: Die „Terra-Tax" oder: Wie kann man einen weltweiten sozialen Marshallplan fast zum Nulltarif finanzieren? http://www.terra-network.de/ change-tax-sabet.htm

97 Sachs, W.: Ökologie und Menschenrechte. Wuppertal Paper Nr. 131, Wuppertal Institut für Klima, Umwelt, Energie, 2003

98 Santarius, T., H. Dalkmann, M. Steigenberger, K. Vogelpohl: Grüne Grenzen für den Welthandel. Wuppertal Paper Nr. 133, Wuppertal Institut für Klima, Umwelt, Energie, 2003

99 Schauer, T., F. J. Radermacher (eds.): The Challenge of the Digital Divide. 2001. ISBN 3-89559-236-6. For more information, see www.global-society-dialogue.org

100 Schmidt, H. (Hg.): Allgemeine Erklärung der Menschenpflichten – Ein Vorschlag. Piper Verlag GmbH, München, 1997

101 Schmidt, H.: Globalisierung. Deutsche Verlags-Anstalt Stuttgart, 1998

102 Schmidt-Bleek, F.: Wieviel Umwelt braucht der Mensch?
MIPS-Das Maß für ökologisches Wirtschaften, Birkhäuser
Verlag, 1993

103 Schwarz, P., Randall D.: An Abrupt Climate Change Sce-
nario and its Implications for United States National Se-
curity, October 2003, http:\\www.ems.org/climate/pentagon
climate change.pdf. and www.stopesso.com/campaign/
00000143.php.

104 Sen, A.: Ökonomie für den Menschen. Wege zur Gerechtigkeit und Solidarität in der Marktwirtschaft. Carl Hanser
Verlag, 2000

105 Shantayanan Devarajan, HDNVP; Margaret J. Miller, HD
NVP and SRM; Eric V. Swanson, DECDG: Goals for
Development: History, Prospects and Costs, April 2002

106 Social Watch Deutschland (ed.): Die Armen und der Markt.
Report 2003, info@eed.de

107 Sontag, S.: Regarding the Pain of Others. Farrar, Straus &
Giroux, New York, 2003

108 Soros, G.: Die Krise des globalen Kapitalismus. Offene Gesellschaft in Gefahr. Alexander Fest Verlag, Berlin, 1998

109 Soros, G.: Der Globalisierungs-Report. Weltwirtschaft auf
dem Prüfstand. Alexander Fest Verlag, Berlin, 2001

110 Späth, L.: Die Change-the-World-Tax. Wegweiser zu einer
weltweit sozialen Marktwirtschaft. Laudation auf Muhammad Yunus anlässlich der Verleihung des „Planetary Con-
sciousness Award" des Club of Budapest am 25. Juni 1997

in der Frankfurter Paulskirche

111 Spiegel, P.: TERRA TAX: Die neue Finanzierungsquelle. www.club-of-buda-pest.com/cob_d/Publikationen/pub-terra-tax-d.pdf

112 Stappen, R. K.: Die Global-Marshall-Plan-Initiative und der Rio-Johannesburg-Prozess, Strategische Optionen für die Umsetzung, Franz von Assisi Akademie zum Schutz der Erde e. v., Eichstätt, 2004

113 Stiftung für die Rechte zukünftiger Generationen (ed.): „Ihr habt dieses Land nur von uns geborgt ...", Rasch u. Röhring Verlag, Hamburg, 1997

114 Stiftung für die Rechte zukünftiger Generationen (ed.): Handbuch Generationengerechtigkeit. ökom Verlag, 2003

115 Stiglitz, J. E.: Die Schatten der Globalisierung. Siedler, Berlin, 2002

116 Streminger, G.: Markt, Motive, Moralische Institutionen – Zur Philosophie Adam Smiths, Überarbeitete Fassung März 2004, zuerst veröffentlich in „Archiv für Geschichte der Philosophie", 74. Band 1992 Heft 3, hg. v. Rainer Specht, Verlag Walter De Gruyter, Berlin - New York, S. 272-302

117 The Earth Charter Initiative (ed.): The Earth Charter. Costa Rica, 2000; http://www.earthcharter.org

118 The World Bank (ed.): Millennium Development Goals. Report No. 24613, 2002

119 The World Bank: The World Bank and Civil Society Organizations: Issues and Options for Improving Institutional Engagement: A Discussion Paper, Civil Society Team, External Affairs Department and Social Development De-

partment, The World Bank, Oct. 2002

120 Tobin Tax Initiative. For more information, please see http://www.ceedweb.org/iirp/

121 Trans-Mediterranean Renewable Energy Cooperation „TREC": A Powerful Partnership for Development, Climate Stabilisation and Good Neighbourhood. Arab Thought Forum, Amman, 2003. For more information, please see http://saharawind.com/documents/trec.paper.pdf

122 Transparency International: For more information, see http://www.transparency.org/

123 UNFPA (ed.): Reproductive Health, Family Planning and Population Promote Millennium Development Goals. In: State of the World. Population 2002 – People, Poverty and Possibilities, 2002

124 United Nations Department of Public Information: Implementing the Millennium Declaration. Goal 8: Development of global partnership for development, October 2002. For more information, please see http://www.unmillenniumproject.org

125 United Nations Department of Public Information: Implementing the Millennium Declaration. Regional Charts, October 2002. For more information, please see http://www.unmillenniumproject.org

126 United Nations Development Programme: The Millennium Development Compact. www.undp.org/hdr2003/pdf/hdr03_MDC.pdf

127 United Nations Division for Sustainable Development (ed.): Indicators of Sustainable Development: Guidelines and Methodologies. www.un.org/esa/sustdev/natlinfo/indicators/

indisd/indisd-mg2001.pdf

128 United Nations General Assembly: Implementation of the United Nations Millennium Declaration. Report of the Secretary-General, A/58/323, 2. September 2003

129 United Nations Non-Governmental Liaison Service (NGLS): Go between, No. 101, December–January 2004

130 Universitäts.Club Klagenfurt (ed.): Friulanisches Manifest. Friaul/Klagenfurt, 2003

131 Vehmas, J., P. Malaska, J. Luukkanen, J. Kaivooja, O. Hietanen, M. Vinnari and J. Ilvonen: Europe in Global Battle of Sustainability: Rebound Strikes Back? Advanced Sustainability Analysis, Series Discussion and Working Papers 7: 2003, Turku School of Economics and Business Administration

132 von Uexkuell, J.: Initiative für einen Welt-Zukunftsrat (World Future Council). Mehr Information findet sich unter: http:\\www.worldfuturecouncil.org oder www.weltzukunftsrat.de

133 von Weizsäcker, C. F.: Bedingungen des Friedens. Vandenhoeck und Ruprecht, Göttingen, 1964

134 von Weizsäcker, E. U., A. B. Lovins, L. H. Lovins: Faktor Vier: doppelter Wohlstand, halbierter Naturverbrauch. Droemer-Knaur, 1995

135 von Weizsäcker, E. U., Young, O., Finger, M.: Limits to Privatisation – How to Avoid Too Much of a Good Thing, to be published 2004

136 Wicke, L., Knebel, J.: Nachhaltige Klimaschutzpolitik durch weltweite ökonomische Anreize zum Klimaschutz, Studie im Auftrag des Ministeriums für Umwelt und Verkehr des

Landes Baden-Württemberg, Berlin/Stuttgart, September 2003

137 Wicke, L., Knebel, J.: GCCS: Nachhaltige Klimaschutz-politik durch ein markt- und anreizorientiertes Globales Klima-Zertifikats-System, Studie im Auftrag des Ministe-riums für Umwelt und Verkehr des Landes Baden-Würt-temberg, Berlin/Stuttgart, Dezember 2003

138 von Wilamowitz-Moellendorff, U. (ed.): Globalisierungsde-batte II: Positionen und Gegenpositionen. Zukunftsforum Politik der Konrad Adenauer Stiftung e. V., Nr. 54, 2003

139 Windfuhr, M.: Parallelbericht Menschenrechte. Deutsch-lands Erfüllung seiner internationalen Verpflichtungen ge-mäß dem Internationalen Pakt über wirtschaftliche, sozi-ale und kulturelle Menschenrechte (IPWSKM). Im Auftrag von Brot für die Welt und Evangelischer Entwicklungs-dienst e.V. (EED), Bonn, Stuttgart, Heidelberg, 2001

140 Winpenny, J.: Financing water for all. Third World Water Forum, March 2003, ISBN 92-95017-01-3

141 Witzsch, G.: Von Rio nach Kyoto. Die großen Umwelt-konferenzen der Vereinten Nationen in den 90er-Jahren. Waxmann Verlag GmbH, Münster, 1999

142 Wohlmeyer, H. (ed.): The WTO, Agriculture and Sustaina-ble Development. Österreichische Vereinigung für Agrar-wissenschaftliche Forschung, Wien, 2002

143 World Health Organisation (ed.): A Research Policy Agen-da for Science and Technology to support Global Health Development. WHO Collaborating Center for Global Model-ling of Health Perspectives, Günzburg, Germany, 1998, ISBN 3-00-003371-8

144 YOIS (ed.): What´s next? The future of the information society – a youth perspective. Stuttgart, 2003

145 Yunus, M.: Grameen – Eine Bank für die Armen der Welt, Lübbe, 1999

146 Ziegler, J.: Die neuen Herrscher der Welt und ihre globalen Widersacher. C. Bertelsmann Verlag, 2003

147 Zillmer, H. W.: Die Zukunft beginnt heute ... und wohin gehst Du, Homo sapiens? Wege zu einer nachhaltig tragfähigen globalen Entwicklung. Verlag Dr. Hans-Dieter Höhnk, Reinbek, 1999

148 Zittel, W., M. Treber: Analysis of BP Statistical Review of World Energy with Respect to CO_2-Emissions. Joint Working Paper, Ludwig-Bölkow-Systemtechnik GmbH, Ottobrunn (www.lbst.de) und Germanwatch, Bonn (www.germanwatch.org), July 2003

Anhang 1

Zusammenfassung:
Überlegungen zu einem Global Marshall Plan

Die Welt befindet sich in Folge der raschen Globalisierung in einer schwierigen Lage. Zwar ist weltweit eine hohe Wachstumsdynamik zu beobachten, zwar finden Innovationen in einem Tempo statt wie nie zuvor, doch beobachtet man zugleich eine zunehmend unhaltbare weltweite Lage, sowohl was die Umweltsituation, was Armut und Verteilungsfragen sowie was die Gleichstellung unterschiedlicher Kulturen anlangt. Vor diesem Hintergrund hat die Initiative für Weltfrieden, Nachhaltigkeit und Gerechtigkeit (www.initiative-weltfrieden.org) die Kampagne „Global Marshall Plan" gestartet, die auf eine Veränderung dieser ungünstigen Situation abzielt. Die Überlegungen sind inspiriert durch Al Gores „Marshall Plan für die Erde" [3], Michail Gorbatschows „Manifest für die Erde" [2], Hans Küngs „Weltethos" [4], das von Kofi Annan initiierte Dokument „Brücken in die Zukunft – ein Manifest für den Dialog der Kulturen" [1] und schließlich durch die Erdcharta [8]. Alle diese weitreichenden Überlegungen und Positionen beinhalten zentrale Orientierungspunkte und Ordnungsprinzipien zur Ausrichtung eines Welt-Marshall-Plans.

Aus Sicht der Initiative geht es darum, die mittlerweile globalisierte Ökonomie mit einem adäquaten globalen Ordnungsrahmen der Märkte auszustatten, der in Richtung Weltfrieden, Gerechtigkeit und Nachhaltigkeit wirkt und eine offene Gesellschaft zu verwirklichen gestattet [5]. Das ist bis dato nämlich nicht der Fall. Die langfristige Perspektive ist eine weltweite Ökosoziale Weltmarktwirtschaft [6, 7], die Märkte und Wettbewerb mit hohen Standards zum Wohle aller Menschen koppelt. Der Schlüssel für einen Konsens für solche Standards, zugleich auch der Schlüssel zur Überwindung der weltweiten Armut, sind Co-Finanzierungsmaßnahmen der reichen Länder zugunsten der sich entwickelnden Länder unter geeigneten Ordnungsbedingungen. Auf Seiten der sich entwickelnden Länder erfordert dies im Gegenzug die Bereitschaft, entsprechende Standards zu übernehmen, obwohl dadurch heutige Wettbewerbsvorteile dieser Länder aufgegeben werden. Bessere Standards implizieren dabei insbesondere bessere Governance-Strukturen in diesen Ländern, also eine bessere Regierungsführung vor Ort. Der verfolgte Ansatz entspricht der Logik der EU-Erweiterungsprozesse, aber auch jener des Marshallplans der USA für Europa nach dem Zweiten Weltkrieg.

Die Initiatoren der Kampagne halten einen entsprechenden Schritt für die ganze Welt für dringend und überfällig, vor allem angesichts der Ereignisse vom 11. September 2001, der offensichtlichen Probleme mit der aktuellen US-Politik, den Verwerfungen an den Welt-Finanzmärkten und der „Blase" der New Economy, der zunehmenden Umweltprobleme und dem immer deutlicher werdenden Zusammenstoß von Kulturen in Folge einer unzureichend regulierten Globalisierung der Ökonomie. Sie wollen mit ihrer Initiative erreichen, dass die EU ein Advisory Board zur Entwicklung einer entsprechenden Position als europäische Strategie für künftige Weltgipfel und als eine Zukunftsvision für den Globus einrichtet.

Ein Welt-Marshall-Plan wird als Zwischenschritt hin zu einer weltweiten Ökosozialen Marktwirtschaft gesehen. Die United Nations Millennium Development Goals (www. http://www.un.org/millenniumgoals/) bis zum Jahr 2015, die international breit abgestimmt sind, stellen das aktuell verfolgte materielle Umsetzungsziel der Initiative dar. Bezüglich der Finanzierungsnotwendigkeiten werden Analysen der United Nations (Zedillo-Report, http://www.un.org/reports/financing/full_report.pdf), die europäische Position des britischen Schatzkanzlers Gordon Brown für den Weltgipfel Rio+10 im Jahr 2002 in Johannesburg (www.globalpolicy.org/socecon/ffd/2002/1216brown.htm) sowie Analysen von George Soros in seinem Bemühen um eine offene Gesellschaft (Open Society Initiatives, Soros, http://

www.soros.org) [5] zugrunde gelegt. Demnach sind über den heutigen Umfang an internationaler Entwicklungshilfe hinaus bis zum Jahr 2015 980 Milliarden US-Dollar an zusätzlicher Hilfe nötig, die zudem nach ganz anderen Mechanismen als bisher und in enger Wechselwirkung mit der Weltzivilgesellschaft eingesetzt werden müssten. Auf Grund bereits erfolgter Zusagen ab 2006 reduziert sich der Betrag auf etwa 860 Milliarden Dollar. Unter geeigneten Ordnungsbedingungen und zunächst konzentriert auf kooperationsbereite, sich entwickelnde Länder könnten diese Mittel ab 2008 pro Jahr beispielsweise folgendermaßen aufgebracht werden:

1)   Sonderziehungsrechte des internationalen Währungsfonds von zunächst 30, dann 40 Milliarden US-Dollar zugunsten der sich entwickelnden Länder

2)   Eine weltweite Abgabe auf Finanztransaktionen (Tobin-Abgabe) in Höhe von zunächst 0,01 %, dann 0,02 % des gehandelten Wertes. Davon werden jährlich zunächst 30, dann 40 Milliarden Dollar Finanzbeitrag erwartet.

3)   Eine Welthandelsabgabe (Terra-Abgabe) von zunächst 0,35 %, dann 0,5 % des grenzüberschreitenden Warenwertes im Rahmen der WTO. Davon werden zunächst 30, dann 40 Milliarden Dollar pro Jahr erwartet.

So wichtig wie die Aufbringung der Mittel sind neue Formen der Umsetzung [5]. Das Programm bedient sich hierbei unter anderem der Weltbank und des United Nations Development-Programmes (UNDP) und arbeitet mit den UN-Umweltprogrammen der UNEP sowie der UNESCO und dem United Nations Bevölkerungsprogramm (UNFPA) zusammen. Diese sollen sich einerseits stärker auf lokale Initiativen und NGOs abstützen, andererseits angepasste Technologien und Wohlstandsbildung vor Ort fördern und beispielsweise – unter Kontrolle unabhängiger Juroren – private Initiativen für Entwicklung in Wettbewerbsprozessen für Co-Finanzierungsmaßnahmen auswählen.

Hinsichtlich der Standardseite sollen die Kernstandards der ILO
(http://www.ilo.org/public/english/bureau/gender/newsite2002/
standard/) und die Global Environmental Agreements im Rahmen der WTO bindend gemacht werden. Dies greift eine häufig erhobene Forderung der entwickelten Welt – und dort besonders der USA – für die Weiterentwicklung der WTO auf, die mit
Anliegen von Gewerkschaften in den entwickelten Ländern und
weltweiten Anliegen von Umweltschützern korrespondiert.

Der Zeitplan der Initiative sieht – ausgehend von einem angestrebten Initiativschritt auf der Ebene des EU-Parlaments und
der EU-Kommission – einen Prozess vor, der im Jahr 2007
auf der Rio+15 Konferenz zu einer Entscheidung für ein Implementierungsprogramm ab 2008 führen soll. Damit würden die
Überlegungen des Erdgipfels in Rio im Jahre 1992 eine voll
wirksame Umsetzung erfahren.

Der Designprozess für einen Globalen Marshall-Plan ist in sich
eine große Herausforderung. Dies gilt auch für neue Formen
der Umsetzung in der weltweiten Entwicklungszusammenarbeit,
die dringend erforderlich und für den Erfolg der Initiative un-
abdinglich sind. Entsprechende Überlegungen sollen weiters
in Wechselwirkung von internationalen Organisationen und Regierungen, den international operierenden Konzernen und Nicht-
Regierungs-Organisationen entwickelt werden. Eine wichtige
koordinierende Rolle könnten in diesem Dreieck die United
Nations, der World Business Council on Sustainable Development und der Club of Rome übernehmen.

Vertiefende Informationen zum Thema finden sich unter http://
www.faw.uni-ulm.de und www.globalmarshallplan.org

Anhang 2

Stuttgarter Erklärung und Unterzeichnerkreis

Die Global-Marshall-Plan-Initiative wurde am 11. Oktober 2003 als „Stuttgarter Erklärung" der Öffentlichkeit vorgestellt:

Mit einem Globalen Marshall-Plan für eine weltweite Öko-soziale Marktwirtschaft eine neue Art von Wirtschaftswunder ermöglichen

Nach dem Zweiten Weltkrieg entschieden sich die Vereinigten Staaten von Amerika zu einem historischen Schritt: Sie erhöhten ihren Etat für wirtschaftliche Unterstützungsmaßnahmen anderer Länder vier Jahre lang auf durchschnittlich 1,3 Prozent ihres Bruttosozialproduktes (zum Vergleich heute: 0,1 Prozent). Sie finanzierten damit den so genannten Marshallplan für das vom Krieg zerstörte und ausgezehrte Europa. Der Marshallplan trug entscheidend zum europäischen Wirtschaftswunder bei, zu einer sehr erfolgreichen inneren und äußeren Befriedung und zu einem erfolgreichen breiten Wohlstandsanstieg in Europa.

Heute sind Frieden, Freiheit, Wohlstand und Sicherheit vor allem durch eine extreme wirtschaftliche Ungleichheit gefährdet. 50 Prozent der Weltbevölkerung müssen mit weniger als zwei Euro pro Tag auskommen, 26.000 Menschen sterben täglich an Hunger und Mangel an sauberem Wasser. Auch die noch immer wachsenden globalen Umweltprobleme lassen sich nicht lösen ohne eine Perspektive für alle auf eine bessere Welt.

Unser Aufruf gilt heute vor allem Europa, sich an die Spitze einer weltweiten Bewegung für einen Globalen Marshall-Plan zu setzen.
Ein Globaler Marshall-Plan kann:

- erstens das solideste Fundament für einen neuen, nachhaltigen weltweiten Wirtschaftsaufschwung sein, denn im Aufholen der bisher wenig entwickelten Länder steckt ein enormes weltweites Wirtschaftswachstumspotenzial, von dem gerade auch entscheidende neue Nachfrageimpulse für Exportländer ausgehen würden.

- zweitens ein besonders intelligenter und effizienter Weg zu einer weltweit sozial und ökologisch nachhaltigen Entwicklung sein. Das Beispiel der EU-Erweiterung zeigt, welcher ökologische, soziale, demokratische und friedensstiftende Kreislauf in Gang gesetzt werden kann, wenn wirtschaftsfördernde Co-Finanzierung an die Erhöhung von ökologischen, sozialen und demokratischen Standards in den Nehmerländern gebunden wird.

Das erfolgreiche europäische Modell der ökosozialen Marktwirtschaft, das nicht umsonst in nahezu jedem Programm jeder konservativen, sozialdemokratischen, liberalen oder grünen Partei in Europa wiederzufinden ist, ist ein glaubwürdiges Konzept und könnte als Vorbild für die Rahmenbedingungen eines neuen globalen Miteinanders dienen. Eine europäische Initiative für einen Globalen Marshall-Plan zur weltweiten Förderung dieses Erfolgsmodells wäre zweifelsohne ein historischer Schritt, der das Ansehen und den Erfolg Europas auf Jahrzehnte hinaus sichern könnte.

Wir fordern daher die Einrichtung eines Beratungsgremiums der Europäischen Union zur Entwicklung eines ökosozialen Globalen Marshall-Plans.

Die Inhalte eines solchen Globalen Marshall-Plans sollen schrittweise und unter starker Einbeziehung aller Bereiche der Gesellschaft von Politik und Wirtschaft über Wissenschaft und Kultur bis zur Zivilgesellschaft entwickelt werden. Besonders wichtig erscheinen uns dabei beispielsweise:

- die besondere Prüfung bester ökologischer und sozialer

Projekte in der Welt gemeinsam mit Nicht-Regierungs-Organisationen der globalen Zivilgesellschaft mit dem Ziel
einer massiven Effizienzsteigerung in der Förderung ökologischen und sozialen Wandels,

■ die besondere Förderung von kleinen und mittleren Unternehmen und Akteuren im Rahmen dieses Globalen Marshall-Plans,

■ die Nutzung des Angebots der diese Initiative tragenden
Nicht-Regierungs-Organisationen, einen solchen Globalen
Marshall-Plan mit ihrem gesamten Potenzial zu unterstüt-
zen.

Wir sind daher entschlossen, diese Initiative so lange voranzubringen, bis sie zum gewünschten Erfolg geführt hat.

Unterzeichner der Global-Marshall-Plan-Initiative

Stand: 30. August 2004

Bigi Alt
Dr. Franz Alt, TV-Journalist
Lutz Bachmayer
Klaus-Dieter Balke, Büro alternativer lokaler Kraft-Erzeuger
Josip Baotic, Präsident des Ökosozialen Forums Kroatien
Dr. Achim Battke
Bernd Bayerlein, Buena Vida
Adrianna Begeer, Meusel & Begeer GbR
Joachim Berger, TGM Abel& Berger GmbH
Senta Berger, Schauspielerin
Dr. Vinod K. Bhalla, Businessman of the Year USA
Andreas Böchtelt
Michael Bockhorni
Prof. Dipl.-Ing. Ulrich Boeschen
Almaz und Karlheinz Böhm, Menschen für Menschen
René Böll, Künstler, Verleger
Andreas Bolte, Unitedsociety
Stephan Botschen
Martin Braun
Dr. Helga Breuninger, Breuninger Stiftung
Dr. Fritz Brickwedde, Präsident Deutsche Bundesstiftung Umwelt
Katya Buchleitner
Andreas Bummel, World Federalist Movement
Sir Arthur C. Clarke, Schriftsteller
Karlheinz Croissant
Eva Crüger, Women and Life on Earth e. V.
Prof. Paul J. Crutzen, Max-Planck-Institut für Chemie, Mainz
Claudia Curschellas, OrchIDEE
Axel Dämgen
Thomas Damson
Wolfgang Dhonau
Markus Dippon

Ulrich Martin Drescher, UnternehmensGrün
Prof. Dr. Eugen Drewermann, Theologe
Norbert Drews, eco-best-invest
Prof. Hans-Peter Dürr, Physiker
Dr. med. Hans Harald, Edler von Braun
Dr. Peter Eigen, Vorsitzender Transparency International
Dr. Riane Eisler, Autorin
Martin Randolf Eisner
Prof. Dr. Duane Elgin, Zukunftsforscher
Dipl.-Kfm. Erfan Enayati, People´s Theater Forum e.V.
Robert Fejko
Edwin Ferger, E. Ferger Verlag
Peter Fernau, Vorstandsmitglied Club of Budapest
Frithjof Finkbeiner, Stiftung Weltvertrag
Lothar J. Fischer
Wolfgang Frank
Klaus Franz
Bettina Franzky
Armin Frey, Stiftung Weltvertrag
Bernd Friedrich, Share International
Theres Friewald-Hofbauer, Europäische ARGE
       Landentwicklung und Dorferneuerung
Tobias Frisch
Anna Gailhofer
Prof. Dr. Johan Galtung, Träger des alternativen Nobelpreises
Klaudius Gansczyk, Gesellschaft für interkulturelle Philosophie
Aapta Garg
Dr. Dietrich Garlichs, UNICEF Deutschland
Michael Gediga, KONSENS-Mensch, Umwelt, Wirtschaft KG
Prof. Dr. Maximilian Gege, Vorstand B.A.U.M.
Dr. Heiner Geißler, Bundesminister a. D.
Susan George, Transnational Institute in Amsterdam,
       attac Frankreich
Judith Gerstenberg, attac Hamburg
Rosi Gollmann, Gründerin Andheri Hilfe e.V.
Dr. Anselm Görres, Förderverein Ökologische Steuerreform
Manuel Grados-Ramos

Margot Grados-Ramos, Institut Methexis
Franz Gugerell
Gotthold Gugler
Silvia Gugler
Tobias Guller
Dr. Med Leonard Haaf, Tauber-Solar-Management GmbH
Axel Hahn
Prof. Dr. Dr. h.c. Bernd Hamm, Universität Trier
Dieter Härthe, Bundesverband für Wirtschaftsförderung und
      Außenwirtschaft
Dr. Berend Hartnagel, Geschäftsführer Global Partnership
Niko Hassannia
Dr. Bohdan Hawrylyshyn, Chairman International Center for
      Policy Studies-Kyiv
Johannes Heimrath, Europäische Akademie der Heilenden Künste
Stefan Heinemann
Jürgen Heinz-Pommer
Prof. Dr. Hazel Henderson, Wirtschaftswissenschaftlerin, USA
Judith Herr
Peter Hesse, Unternehmer, Peter Hesse Stiftung
Malte Heynen, ProSieben Television GmbH
Dr. Johannes Hippe, Institut für Pflanzenbau und -züchtung,
      Universität Göttingen
Tim Hippmann
Silke Hohmuth
Hans-Herbert Holzamer, Süddeutsche Zeitung
Thorsten Hornung
Prof. Vittorio Hösle, Professor für Philosophie, USA
Josef Hülkenberg
Wolfram Huncke, Journalist
R. Innyasi, Rural Development Organisation
Krzysztof Jablonka
Michael Jablonski
Klaus Jacobs, GANG WAY GmbH
Hans Jecklin Unternehmer, Autor
Dagmar Maria Jendricke
Andreas Jonischkeit

Amod Kanth, Gründer Kinderhilfswerk Prayas, Indien
Prof. Dr. Margrit Kennedy, Städteplanerin, Zukunftsforscherin
Anton Robert Kerschbaumer
Martin Khor, Consumers Accociation of Penang
Mag. Karl Kilga, Risk Management and Human Capital Consultant
Andreas Kilian
Marika Kilius, ehemalige Eiskunstläuferin
Sebastian Knauer, Der Spiegel
Dr. Eckhard Knuth, Haus Rissen
Hermann Koch, Institut für ErfolgsCoaching
Dr. Joachim Koch, Autor, Gesellschaft für interkulturelle
         Philosophie
Timo Koch, IT/PC-Experte
Frank Koerling
Oliver Kopsch, RSD Solar
Marion Körner, Institut für Sprache, Recht und Geld e. V.
Holger Kremer
Wolfgang Kühr, Bundesverband Bürgerinitiativen
         Umweltschutz e. V.
Jonas Kwaschick, trueconomy
Du´aine Ladejo, ehemaliger Europameister 400-Meter-Lauf
Nora Langensiepen
Nina Larsaeus
Prof. Dr. Dr. Ervin Laszlo, Präsident Club of Budapest
Johannes Laubrock
Marco Lauer, Journalist
Robert Leicht
Dr. Ulrich Leierseder, Rechtsanwalt
Jo Leinen, Mitglied des Europäischen Parlaments
Walther Lichem
Prof. Dr. Dietrich Günter Liesegang, Universität Heidelberg
Frauke Liesenborghs, Global Challenges Network
Gregory Lipinski, Handelsblatt
Erich Litschek, ADRA Adventistische Entwicklungs- u.
         Katastrophenhilfe e. V.
Prof. Dr. Shu-hsien Liu, Philosoph, Club of Budapest
Dipl.Ing. Wolfgang Lohbeck, Greenpeace

Dr. Bernhard Lorentz
Michael Madjera
Rumel Mahmood
Mag. Franz Maier, Umweltverband Österreich
Martin Mair
Sandra Maischberger, TV-Moderatorin
Prof. Dr. Ram Adhar Mall, Gesellschaft für interkulturelle
       Philosophie
Prof. Dr.-Ing. Reinhard Malz, Fachhochschule Esslingen
Sasa Meister
Dipl.-Oec. Jan Melter
Marcus Merz
Reinhold Messner, Umweltaktivist
Dr. Paul E. Metz, Unternehmensberater
Hilla Metzner
Dr. Alois Möller, Brot für die Welt
Uwe Möller, Generalsekretär Club of Rome
Lady Fiona Montague, Botschafterin des Club of Budapest
       International
Johnna Montgomerie
Peter Mordhorst
Marion Mugrabi, Friedrich Naumann Stiftung
Dr. Robert Muller, ehem. UN-Vizegeneralsekretär, Gründer UN-
       Friedensuniversität
Eva Maria Müller
Hans-Jürgen und Helga Müller, Projekt Mariposa
Karl-Heinrich Müller, Stiftung Hombroich
Lutz Müller
Andreas Nagel
Thomas Nebeling
Eberhard Neugebohrn, VENRO
Eberhard Nietzer, Legal Translations
Herbert Ninding, Direktion für Ländliche Entwicklung Regensburg
Prof. Dr. Gyorgy Nógrádi, Professor an der
       Wirtschaftsuniversität Budapest
Kerstin Oberhaus, Laboratory for Toxicology and Ecology
Willi Oberheiden

Dr. Marcia Odell, Leiterin Women's Empowerment Program,
Nepal
Timm Oelschläger
Dr. Ute-Henriette Ohoven, UNESCO-Botschafterin
Heinrich Orths, ABB
Christian Osterhaus, Geschäftsführer Stiftung Menschen für
Menschen
Rajendra K. Pachauri, Vorsitzender d. IPCC
(Intergovermental Panel on Climate Change)
Karlheinz Pachmann
Bert Papenhagen
Cornelia Patenge
Siegfried Pater, Filmemacher und Sachbuchautor
Manfred W. Petz, Innovations-Mangement
Roland Prötsch
Prof. DDr. Franz J. Radermacher, Global Contract
Foundation – Stiftung Weltvertrag
Johannes Rahe
Theresia Redigolo, Department of Peacekeeping Operations
(DPKO)
Reinhard Retzer
Jan Christoph Richter
Dipl.-Ing. Dr. h. c. Josef Riegler, Vizekanzler a. D. Österreich,
Ökosoziales Forum Europa
Wolfgang Riehn, Yehudi Menuhin Stiftung
Franz Ritzer jun.
Mary Robinson, ehemalige UN-Hochkommissarin für
Menschenrechte
Martina Rosner-Kunz
Daniel Rotzinger
Bibi Russell, Fashion for Development, Bangladesh
Peter Russell, Bestsellerautor
Nadine Sabel
Sebastian Sachs
Ingo Schamberger
Thomas Schätz
DDr. Hermann Scheer, Träger des Alternativen Nobelpreises

Prof. Dkfm. Ernst Scheiber, Ökosoziales Forum Österreich
Erwin Schelbert
Dr. Günther Schell
Erwin Schild
Pielina Schindler
Franz Schmid, ALTOP
Matthias Schmidt
Joachim Schöneich
Jakob Schoof, YOIS
Friedrich Schorlemmer, Theologe
Dr. Eberhardt Schrader, Journalist
Peter Schrage-Aden, Umweltamt Steglitz-Zehlendorf
Karina Schröder
Carola Schütt
Dr. Irmgard Schwaetzer, Staatsministerin a. D.
Katrin Schwarz
Dr. Manfred Schwarz, Arbeitskreis Plan International
        Wolfsburg
Dietmar Schwarzenbacher, UNiQUARE Financial Solutions
Karl-Ludwig Schweisfurth, Unternehmer, Schweisfurth Stiftung
Till Schweizer, OIKOS
Ursula M. Shoukry
Christian Sobotta
Peter Spiegel, Generalsekretär Club of Budapest
Susanne Stallmann
Ralf Klemens Stappen, Franz von Assisi Akademie zum
        Schutz der Erde e.V.
Cläre Stauffer, Kopf Kontor Medien
Willi Strohschein, Theater Aachen
Daniel Stubbe
Jörg Stüdeli, Sozialberater
Ingo Stutz, Natur & Heim GmbH
Prof. Dr. Rita Süssmuth, Bundestagspräsidentin a. D.
Maximilian Thoma
Jürgen Thuemlein
Patricia Martínez Tonn, Kommunikation und Konzepte
Stefan Ulrich, Süddeutsche Zeitung

Sir Peter Ustinov, UNICEF-Botschafter
Patricia Veigel-Runte
Dr. Katrin Vernau, Kanzlerin der Universität Ulm
Walter Vertat
Dr. Jörg Volkmann, Amber Foundation
Dr. Maritta R. von Bieberstein Koch-Weser, GEXSI
Carl-Eduard v. Bismarck, Bundesverband für
       Wirtschaftsförderung und Außenwirtschaft
Graf Hubertus von Faber-Castell, Unternehmensgründer
Jakob von Uexküll, World Future Council Initiative, Gründer
       des Alternativen Nobelpreises
Prof. Dr. Dr. h. c. Ernst Ulrich von Weizsäcker, Mitglied des
       Bundestags, Club of Rome
Harald Wacker, Systematische Praxis
Rolf Wägli, Präsident des Verwaltungsrates
Beate Weber, Oberbürgermeisterin Heidelberg
Solvig Wehsener, Komponistin und Musikerin
Rainer Weichbrodt, H. Brühne Baustoff und Transport GmbH
Hans-Ludwig Weigel
Prof. Hubert Weiger, BUND
Prof. Dr. Raoul Weiler, EU-Chapter Club of Rome, Brüssel
Helge Weinberg, B.A.U.M.
Hubert Weinzierl, Ehrenpräsident BUND
M.A. Stephanie Weis-Gerhardt, Aachener Stiftung Kathy Beys
Dr. Hartwig Westphalen, sunenergy gmbh
Prof. Dr. Lutz Wicke, Staatssekretär a. D.
Dr. Georg Winter, B.A.U.M. & INEM
Johannes Winter
Roswitha Wirtz, Fraktale Akademie für Innovationen
Alexander Witschas
Cornelia Wolber
Christian Zahn, Friedrich-Naumann-Stiftung
Michael Zammit Cutaja, UNFCCC
Dr. Uwe Zeh
Hubert Zimmer, Renewables for Development
Dr. Vladimir Zolotarev, Noosphere Information Fund

Kommentare der Unterstützer

„Diese Initiative soll dazu beitragen, die Armut in den Entwicklungsländern zu senken, sie dazu befähigen, im Inland politische Maßnahmen zu verabschieden und Institutionen zu stärke, die es den Menschen ermöglichen, Nutzen aus globalen Märkten zu ziehen. Sie soll also zu einem kräftigen Anstieg des Handelsanteils am BIP führen. Eine Senkung der Schulden der am meisten marginalisierten Länder, besonders in Afrika, wird Möglichkeiten schaffen, stärker an der Globalisierung und ihren möglichen Vorteilen zu partizipieren. Weiters sollten mehr Möglichkeiten, so etwa Schuldenerlässe, geschaffen werden. Dies ist besonders für jene Länder von Bedeutung, die ihr Investitionsklima und ihre sozialen Leistungen verbessern. Die Förderung von Investitionen und die Schaffung von Arbeitsplätzen erfordern gute wirtschaftliche Steuerungsmechanismen: Maßnahmen zur Beseitigung der Korruption, besser funktionierende Bürokratien und verbesserte Regulierung, Umsetzung von Verträgen und Schutz von Eigentumsrechten, was besonders in den Entwicklungsländern zu nachhaltiger Entwicklung führen wird. Ich betrachte die Global-Marshall-Plan-Initiative als eine wunderbare Integrationsmaßnahme in Richtung nachhaltiger Entwicklung und kann anderen Menschen, Organisationen, Institutionen oder Behörden nur den Rat geben, danach zu trachten, deren Prinzipien in ihrem formalen und informalen Umfeld anzuwenden."

Akarue Careca Aghogho
Liberty 4 Afrika

„Die Realisierung eines ökologischen Marshall-Plans führt zu einer gerechteren Welt, in der kein Kind mehr verhungern muss. Das ist unser Ziel. Warum sollen alle Industriegesellschaften in den nächsten Jahrzehnten nicht erreichen, was die USA nach 1945 mit dem früheren Marshallplan in Westeuropa erreicht haben? Das Geld ist da, aber noch fehlt weltweit der politische Wille. Da kann jede und jeder – auch von unten her – mithelfen. Nur dann wird die Politik entmilitarisiert und human."

Franz Alt
Journalist und Autor

„In der Regel wird das Verhältnis der Nationen heute als Konflikt oder Kampf dargestellt, beispielsweise der Kampf um Arbeitsplätze oder um natürliche Ressourcen. Ich glaube, dass diese Darstellung irreführend ist. Vielmehr muss die Menschheit an einem Strang ziehen, um die globalen Probleme zu bewältigen. Ein globaler Wohlstand lässt sich nur schaffen, wenn alle Völker in die Lage versetzt werden, umfassende Bildung und aktuelle Technologien zur Verwirklichung einer ökologischen und sozialen Wirtschaft zu nutzen."

Thomas Bliem

„Wenn man an die Idee von Marshall zurückdenkt, den durch den entsetzlichen Zweiten Weltkrieg und die Verbrechen von Adolf Hitler und seinen Mitdenkern so grauenhaft zerstörten Kontinent Europa wieder aufzubauen, so war dies alles andere als mildtätige Barmherzigkeit, sondern einfach der Wunsch der Siegermächte, diesen Kontinent wieder so aufzubauen, dass er ein kreativer Wirtschaftspartner wird. Dabei wurde sogar das amerikanische Wirtschaftssystem des Schuldenprinzips eingeführt.

Dass ein Kontinent wie Afrika und viele andere Kolonialstaaten eine Unterstützung für ihre eigene Entwicklung brauchen, sollte also durchaus nicht ausschließlich vom schlechten Gewissen geprägt sein, sondern von der realistischen Überlegung, dass ohne diese Länder mit einem Viertel der Weltbevölkerung es ohne jeden Zweifel zu einem Wirtschaftsdesaster ungeahnten Ausmaßes kommen muss. Man sollte also nicht nur an die kaum nachvollziehbare Armut in diesen Ländern denken, sondern vor allem an die zukünftigen Generationen unseres reichen Teils der Welt. Das ist der Grund, warum ich ‚Menschen für Menschen' gegründet habe und warum ich eine Denkungs- und Handlungsweise wie die eines globalen Wirtschaftsplanes (Global Economical Plan) voll unterstütze.

Karlheinz Böhm
Menschen für Menschen

„Die Breuninger Stiftung engagiert sich mit internationalen Projekten für Jugendliche, um auf diesem Wege globales Bewusstsein und Handeln zu fördern. Diese Aktivitäten auf der Mikro-Ebene sind genauso wichtig wie Projekte auf der Makro-Ebene, wo mich die Global-Marshall-Plan-Initiative durch ihren Pragmatismus-Ansatz überzeugt hat. Nur wenn es uns in gegenseitiger Unterstützung gelingt, Projekte auf der Mikro- und Makro-Ebene voranzubringen und zu verbinden, werden wir das gemeinsame Ziel erreichen, nämlich die Globalisierung sozial gerechter und ökologisch vertretbarer zu gestalten, damit nachfolgende Generationen auf dieser Welt auch noch eine Zukunft haben."

Dr. Helga Breuninger
Breuninger-Stiftung

„Die Deutsche Bundesstiftung Umwelt hat sich im Anschluss an die Konferenz von Rio 1992 ausdrücklich den Zielsetzungen der Nachhaltigkeit verpflichtet und ihre Förderleitlinien daraufhin überarbeitet. Die Ausrichtung auf eine grenzüberschreitende und internationale Fördertätigkeit ist unter anderem daran erkennbar, dass die Stiftung kontinuierlich ihr Auslandsengagement für Umweltschutz und Nachhaltigkeit erweitert hat und vor allem in Osteuropa eine Vielzahl von Projekten unterstützt. Die Zielsetzungen des Global Marshall Plan entsprechen in hohem Maße der Ausrichtung der DBU. Aus Sicht einer Stiftung, die sich insbesondere dem Umweltschutz in kleinen und mittleren Unternehmen verpflichtet weiß, begrüßen wir ausdrücklich die der Initiative innewohnende Kooperation von Wirtschaft und Zivilgesellschaft sowie die Berücksichtigung fundamentaler unternehmerischer Gesichtspunkte bei der Initiierung eines ‚neuen Weltwirtschaftswunders', das Umweltschutz, Armutsbekämpfung und demokratische Gesellschaftsordnungen miteinander verbunden wissen will."

Fritz Brickwedde
Deutsche Bundesstiftung Umwelt

„Wirtschafte so, dass Dein Wirtschaften Vorbild sein kann für nachfolgende Generationen – dieser Ausrichtung versuchen wir als umweltorientierte Unternehmer zu folgen, gerade angesichts globaler Ungleichverteilung wirtschaftlicher Entwicklungschancen."

Ulrich Martin Drescher
UnternehmensGrün

„Wie soll der Global Marshall Plan gelehrt werden? Es ist von großer Wichtigkeit, die Herzen der Kinder und Jugendlichen für dieses Programm zu gewinnen und ihre Begeisterung anzufachen, denn es ist ihre Welt, die wir langfristig hoffen, verbessern zu können. Wenn die Ziele der Global-Marshall-Plan-Initiative den jungen Menschen in Schulen und Universitäten richtig erklärt werden, kann dieser Zuspruch das ganze menschliche Leben beeinflussen. Wir müssen strategische Allianzen bilden, um die Inhalte der Global-Marshall-Plan-Initiative in die Bildungssysteme der verschiedenen Länder einfließen zu lassen und die ausgesprochen komplizierten und breiten Wissensfelder für junge Menschen, die für ihr zukünftiges Leben lernen, verständlich zu machen. Essenzielle Aspekte der Argumen-

tation müssen identifiziert und mit Hilfe von Fachleuten dieses
speziellen Bildungsbereiches adaptiert werden. Das Ziel besteht
darin, Bildungsprogramme zu erstellen – unterstützt durch Internet und in zahlreichen Sprachen – und diese Themen für verschiedene Altersgruppen verstehbar zu machen."

Edwin Ferger

„Ökologie ist die Ökonomie des 21. Jahrhunderts! Ethisch-so-
ziale und ökologische Aspekte werden bei der fortschreitenden
Globalisierung bislang stark vernachlässigt. Besonders dramatisch sind die Auswirkungen auf das Klima, was wir schon jetzt
zu spüren bekommen, besonders dann, wenn Schwellenländer
einen Boom erfahren, der auf veralteten und umweltzerstören-
den Standards beruht. Wenn wir als Menschheit dieses Jahrhundert überhaupt überleben wollen, müssen wir uns jetzt global zusammenschließen und in eine ökosoziale und nachhaltige Marktwirtschaft investieren. Denn wo das Geld hinfließt, entstehen Innovationen und Projekte. Das gilt auch für private
Geldanlagen, mit denen wir gezielt in nachhaltiges Wirtschaften investieren können."

Norbert Drews

„Ich unterstütze die Global-Marshall-Plan-Initiative, da wir dringend Visionen und konkrete Konzepte benötigen, an denen
wir alle unsere tägliche Arbeit ausrichten können. Der Global
Marshall Plan bietet eine solche Vision. Zukunftsfähige und nachhaltige Alternativen zum bisherigen Weg der Globalisierung zu
finden, sind auch Ziele, denen der Welt-Zukunftsrat und B.A.U.M.
verpflichtet sind. Nur wenn die Globalisierung nachhaltig – also
ökosozial – verläuft, werden wir Frieden, Freiheit, Sicherheit und
Wohlstand für alle Menschen erreichen können. Es gilt jetzt,
konkrete Programme und Konzepte zu erarbeiten und umzusetzen, die es ermöglichen, diese Visionen Realität werden zu

lassen und sie weltweit zu verbreiten. Hierzu kann die Global-Marshall-Plan-Initiative einen bedeutenden Beitrag leisten."

Prof. Dr. Maximilian Gege
B.A.U.M. e. V. und Welt-Zukunftsrat

„Möge es uns gelingen, ein Meer von Solidarität in der ganzen Welt zu schaffen. Für eine menschenwürdige Welt, in der nicht mehr die Zahl der gewonnenen Schlachten zählt, sondern in der alle Regionen dieser Welt die neue Ordnung als eine gerechte erkennen können, in der ihre Würde genauso geachtet wird wie die der anderen, wo es nicht das Recht des Stärkeren, aber die Pflicht der Solidarität gibt."

Hans-Dietrich Genscher
Bundesaußenminister a. D.

„Schon der Konsens über die Ziele ist nicht einfach zu erreichen, noch schwerer aber ist die Findung eines Konsenses über die Mittel und Wege. Das zeigt nicht zuletzt die massive Ablehnung der deutschen Ökosteuerreform, insbesondere durch Benzinpopulisten. Dabei ist klar: Die Ziele des Globalen Marshall-Plans sind anspruchsvoll, ebenso wie die Ziele von Kyoto. Die einzige Chance, diese Ziele zu realisieren, liegt darin, alle vernünftigen und wirksamen Instrumente zu kombinieren. Es darf daher keine kindische Konkurrenz zwischen den Verfechtern unterschiedlicher Instrumente geben, etwa zwischen den Befürwortern von Emissionshandel und den Ökosteuer-Anhängern. Klar ist aber auch, dass ein Umsteuern der Wirtschaft in Richtung globaler Nachhaltigkeit nur dann gelingen kann, wenn auch die gewaltige Lenkungskraft des Steuersystems dafür eingespannt wird."

Dr. Anselm Görres
Förderverein Ökologische Steuerreform/Green Budget Germany

„Als Gründerin der deutschen Entwicklungsorganisation Andheri-Hilfe Bonn e.V. bin ich seit mehr als 40 Jahren ständig konfrontiert mit der nicht hinnehmbaren Ungerechtigkeit in der Welt. Enge Partnerschaft mit den Armen und Unterdrückten, den Entrechteten und An-den-Rand-Gedrängten und eigene erschreckende Erfahrungen vor Ort ließen mich keinen Augenblick zögern, als eine der Ersten den Global Marshall Plan zu unterzeichnen. Die Probleme der Ungleichheit in unserer Welt sind nicht zuletzt Ursache für Gewalt, Krieg und Terrorismus. Das dürfen wir nicht schweigend hinnehmen, sondern müssen ‚schreiende' Stimme der meist stimmlosen Leidenden sein. Darum habe ich Jahre intensiv in der deutschen Aktion ‚Eine Welt für alle' mitgearbeitet und bin Creative Member des Club of Budapest. Ein neues Wirtschaftswunder – davon bin ich fest überzeugt – kann aber nur erreicht werden, wenn man die Armen, die Ausgebeuteten, die Rechtlosen mit ins Boot nimmt. Für sie, aber nicht ohne sie! Das muss in der neuen Initiative ein wichtiger Grundsatz sein. Sie müssen, wie wir es im Bereich der Entwicklungszusammenarbeit bereits im kleinen Rahmen zu verwirklichen versuchen, an einer tragfähigen Zukunft mitarbeiten."

Rosi Gollmann
Gründerin Andheri Hilfe

„Ich unterstütze die Global-Marshall-Plan-Initiative, da die derzeitigen Trends in der Weltpolitik, Wirtschaft und Bevölkerungsentwicklung einfach nicht vertretbar sind. Sollte es auf globaler Ebene nicht zu ziemlich radikalen Maßnahmen kommen, bewegt sich die Menschheit einer Katastrophe zu. Wir brauchen eine Verbesserung der Global Governance, eine Rückkehr zu wirklichem Multilaterismus, beträchtliche Hilfeleistungen an die weniger entwickelten Länder unter der Bedingung der Verpflichtung zur Einhaltung politischer, administrativer, ökologischer Standards. Wir brauchen eine Verringerung der zunehmenden Kluft zwischen Reich und Arm innerhalb der Länder und zwischen den Ländern."

Dr. Bohdan Hawrylyshyn
Internationales Zentrum für Politikstudien

„Die Global-Marshall-Plan-Initiative ist ein positives Programm,
um die Welt in Richtung einer gerechteren, ökologisch-restau-
rativen, nachhaltigen und menschlichen Entwicklung zu bewegen. Erneuerbare Energie und ressourcenschonendes Wirtschaften können die heutige katastrophale, konkurrenzorien-
tierte, ressourcenverschwendende Globalisierung ersetzen. Eine
demokratischere, im Inland generierte wirtschaftliche Prospe-
rität auf lokaler Basis kann Millionen neuer Unternehmen und
neuer Arbeitsplätze sowie nachhaltige Einkommen begünsti-
gen. Diese Strategie einer neuen informationsreichen Globalisierung ist heute technisch machbar".

Prof. Dr. Hazel Henderson

„Für mich war die Idee so einfach und dadurch beeindruckend:
eine Idee, die bereits gut funktionierte, auf heutige Bedingungen zu transferieren und um ihre Unterstützung anzusuchen.
Als Kind habe auch ich vom Marshallplan profitiert. Deshalb
glaube ich, dass es nur gerecht ist, wenn andere – besonders
Kinder, die immer am meisten betroffen sind – von dem neuen
Plan profitieren. In dieser Hinsicht müssen wir etwas unternehmen. Ich habe mich deshalb spontan dazu entschieden,
die Global-Marshall-Plan-Initiative als Ergänzung anderer Initiativen wie Greenpeace zu unterstützen."

Krzyzstof Jablonka

„Ich wünsche mir allerdings auch ein Europa, das die Entwicklungsziele der Vereinten Nationen nicht nur mit Worten,

sondern auch mit Taten vorbildlich unterstützt – konkret durch weitere Öffnung der Märkte für die armen Länder und auch mehr öffentliche Entwicklungshilfe. Bei meiner Arbeit für den Weltwährungsfonds habe ich Hunger und unermessliche Not gesehen, vor allem von Frauen und Kindern. Doch ich habe auch gesehen, dass gezielte Entwicklungszusammenarbeit viel Gutes tun kann. Für mich entscheidet sich die Menschlichkeit unserer Welt am Schicksal Afrikas. Ist es nicht eine Frage der Selbstachtung Europas, sich mit Blick auf unsere eigenen Fundamente, unsere Werte und Geschichte in Afrika ehrlich und großzügig zu engagieren?"

Bundespräsident Dr. Horst Köhler
Auszug aus der Antrittsrede im Deutschen Bundestag

„Der Global Marshall Plan stellt für mich das bislang überzeugendste und realistischste Nachhaltigkeitskonzept dar, das langfristig zur Überwindung weltweiter sozialer Ungerechtigkeit beitragen kann. Europa selbst besäße mit der Umsetzung des Plans die einmalige Chance, eine Weltfriedensmission durchzuführen. Ich kann nur mit ganzem Herzen und innerem Feuer diese Initiative unterstützen, weil sie das Wohl aller Menschen dieses so gefährdeten Planeten im Auge hat."

Dr. Manfred Kohlhase
Ökomanager 2002

„Die Global-Marshall-Plan-Initiative ist eine der erfolgversprechendsten europäischen Bewegungen für die notwendige schrittweise Transformation unserer Wirtschafts-, Finanz- und Politiksysteme in Richtung Nachhaltigkeit. Es werden keine Utopien oder Ideologien verkündet, sondern machbare effiziente und effektive Wege für eine weltweite Ökosoziale Marktwirtschaft aufgezeigt. Für mich persönlich ist es der Versuch, die Fesseln des Alten, des satten Europas abzuschütteln, die bürokratischen, budgetären und politischen Hürden zu überspringen sowie einen neuen Aufbruch zu mehr Frieden, Wohlstand und Sicherheit auf dieser Erde zu wagen. Als Umweltschützer geht es mir vor allem auch um die Sicherung der Biodiversität und der natürlichen Lebensgrundlagen. Die Global-Marshall-Plan-Initiative ist die große Chance, den vielen Worten auf Konferenzen und in Papieren endlich wirksame Taten folgen zu lassen."

Mag. Franz Maier
Umweltdachverband Österreich

„Ich unterstütze die Global-Marshall-Plan-Initiative, weil sie darauf abzielt, die globalen Märkte in einen sozialen und ökologischen Ordnungsrahmen von der lokalen bis zur globalen Ebene einzubetten und die Rolle der Zivilgesellschaften gegenüber dem Selbstlauf der Ökonomie zu stärken. Dabei darf die Ökologie nicht zu kurz kommen, denn so wie es ohne Umweltschutz keine Armutsbekämpfung im Süden geben kann, kann es keinen globalen Wohlstand ohne Minderung der Ressourcenansprüche im Norden geben."

Dr. Reinhard Loske
Fraktionsvorsitzender der Bundestagsfraktion B90/Die Grünen

„Die Idee, einen Global Marshall Plan auf den Weg zu bringen, finde ich großartig und beispielhaft, denn eine solche Initiative würde den Völkern in den Entwicklungs- und Schwellenländern, in Kriegs- und Krisenregionen den Weg aus der Krise weisen, der ihnen ein menschenwürdiges, selbstbestimmtes Leben verspricht. Gerade wir in Europa wissen, wovon wir reden, denn es war der Marshallplan, der uns nach der Katastrophe des Zweiten Weltkriegs einen Ausweg aus Trümmern, Leid, Gewaltherrschaft, Terror und Angst wies. Die Demokratien, die nach dem Krieg in Europa wieder aufgebaut wurden, wären ohne den Marshallplan ein Traum, der sich nie verwirklicht hätte, geblieben."

Ute-Henriette Ohove
UNESCO-Botschafterin

„Die Welt ist in vielen Bereichen in einer schwierigen Krise. Hauptsächlich mangelt es an Good Governance, um diese Situation zu bewältigen und wachsendes Chaos zu vermeiden. Ich glaube, dass der Marshall-Plan eine konstruktive Kraft zur Förderung der Good Governance durch die Integration nachhaltiger Entwicklung in den Globalisierungsprozess ist, der allgemein als autonom, nicht aufhaltbar und unkontrollierbar angesehen wird. Er kann durch die Schaffung eines hochrangigen Spielfelds mit sozialen, ökologischen und kulturellen Qualitäten produktiver gemacht werden."

Dr. Paul E. Metz
INTEGeR consult

„Die Global-Marshall-Plan-Initiative erinnert daran, dass anstelle von Kleinst- und Kleinstrategien auch Großstrategien einmal möglich waren, als es um die solidarische Überwindung der Folgen des Zweiten Weltkrieges ging. Eine vergleichbare Initiative hat die Staatengemeinschaft seit 50 Jahren nicht mehr ergriffen. Aber wann ist eine solche geboten, wenn nicht jetzt – um die Ursachen und Folgen des Weltkriegs gegen die natürlichen Lebensgrundlagen zu bekämpfen?"

Dr. Hermann Scheer
Alternativer Nobelpreisträger

„Zukunft ist das Wichtigste. Für mich als Sängerin, Komponistin und Produzentin ist das zum Lebensmotto geworden. Globalisierung, Migration, Ökologie oder Energie sind Themen,

die jeden Menschen, unabhängig von Beruf und Berufung, angehen. Deshalb leihe ich der Global-Marshall-Plan-Initiative meine Stimme. Weil wir alle in dieser einen Welt leben und Initiativen wie diese brauchen. Wenn wir das verstehen und danach
handeln, wird für uns und unsere zukünftigen Generationen das
Leben auf diesem Globus möglicherweise eine wunderschöne
unendliche Geschichte."

Solvig Wehsener
Sängerin und Komponistin

„Der Marshallplan war ein visionärer Plan. Und genau solche
visionären Pläne brauchen wir auch heute."

Jürgen Schrempp
DaimlerChrysler AG

„Im Prozess der Globalisierung bei gleichzeitig weiterbestehen-
den markanten Unterschieden in der Entwicklung der verschiedenen Regionen der Welt muss die zunehmende globale Inter-
dependenz auch bei dringenden globalen Herausforderungen
und Fragen zu Frieden, Sicherheit, demographischem Wandel,
Ressourcennutzung, Umweltschutz etc. publik gemacht und gestaltet werden. Es muss erkannt werden, dass ökonomische Entwicklung den Aufbau sozialer Standards und somit Frieden und
(internationale) Sicherheit unterstützen – Konditionen, bei denen beispielsweise weniger Menschen zu Flucht und Abwan-
derung aus ihrer Heimat gezwungen sind. Wirtschaftliche Entwicklung ermöglicht zudem eine nachhaltige, zukunftsfähige ökologische Entwicklung durch umweltverträgliche Ressourcennutzung mit weltweit positiver Auswirkung.

Die Liste der Beispiele solcher Abhängigkeiten ließe sich ohne
weiteres fortschreiben. Wichtig ist, dass diese Zusammenhänge
erkannt und verstanden werden. Eingesehen muss auch wer-

den, dass die ausschließliche Konzentration auf Lösungen auf nationaler Ebene nicht zur Lösung globaler Fragestellungen und Probleme beitragen wird. Ziele und Erkenntnisse der entwickelten Länder dürfen also nicht zum Ausschluss der entwickelnden Länder vom globalen Wohlstand führen, sondern müssen zu deren Entwicklung beitragen.

Es ist notwendig, dass wir Rahmenbedingungen schaffen, in denen die zahlreichen Herausforderungen der heutigen Welt Gehör finden und von uns als Interessengemeinschaft angegangen werden können. Hierfür müssen die verschiedenen Akteure von NGOs, Regierungen, Institutionen und andere Initiativen entsprechende Strategien im Dialog und in Zusammenarbeit diskutieren und entwickeln. Eine koordinierte Wirtschaftsentwicklungshilfe trägt dazu bei, allen Ländern und Regionen der Welt eine gleichberechtigte Teilhabe an den positiven Aspekten der Globalisierung zu ermöglichen und die Verantwortung für die sich stellenden globalen Probleme gemeinsam zu tragen."

Dr. Rita Süssmuth
Ehemalige Präsidentin des deutschen Bundestags

„Ich halte die Global-Marshall-Plan-Initiative für eine der größten Hoffnungen zur Erreichung von mehr Menschlichkeit in dieser kritischen Zeit."

Willemse Stichting
Voedselbank Noord-Limburg

„Wirklich bemerkenswert an der Global-Marshall-Plan-Initiative sind die sichtbaren positiven Aktionen, die stabile schrittweise Entwicklung. Das berühmte Mitglied der russischen Akademie der Wissenschaften, Nikita Moisejev (1917 bis 2000) schrieb 1996 über die Notwendigkeit eines neuen Marshall-Plans. Ich stimme mit Professor Radermacher völlig überein: Ein ‚Business-as-usual-Ansatz' ist ökologisch nicht tragbar, über eine gewisse Grenze hinaus werden irreversible Prozesse unseren Planeten in den Zustand einer globalen Katastrophe bringen. Es ist die Verantwortung unserer Generation, zerstörerischen Tendenzen Einhalt zu gebieten und positive Handlungen zu unterstützen."

Dr. Vladimir Zolotarjev
Noosphere Information Fund

Der Autor

Franz Josef Radermacher, Jahrgang 1950, verheiratet, ein Sohn ist promovierter Mathematiker und Wirtschaftswissenschaftler (RWTH Aachen 1974, Universität Karlsruhe 1976); Habilitation in Mathematik an der RWTH Aachen 1982. Von 1983 bis 1987 Professor für Angewandte Informatik an der Universität Passau. Seit 1987 Leiter des Forschungsinstituts für Anwendungsorientierte Wissensverarbeitung (FAW) in Ulm. Gleichzeitig Berufung auf eine Professur für Datenbanken und Künstliche Intelligenz an der Universität Ulm. Von 1988 bis 1992 Präsident der Gesellschaft für Mathematik, Ökonomie und Operations Research (GMÖOR). Von 1990 bis 1993 Mitglied im Landesforschungsbeirat, von 1992 bis 1993 Mitglied in der „Zukunftskommission Wirtschaft 2000", von 1994 bis 1996 Mitglied im „Innovationsbeirat" und von 1995 bis 1996 Mitglied der Enquete-Kommission „Entwicklungschancen und Auswirkungen neuer Informations- und Kommunikationstechnologien Baden-Württemberg (Multimedia-Enquete)".

Seit 1995 Mitglied im „Information Society Forum" der Europäischen Kommission (seit Anfang 1997 zugleich Leiter der Arbeitsgruppe 4 „Sustainability in an Information Society" sowie Mitglied des Steering Committee). Seit 1997 Sprecher der Arbeitsgruppe „Informationsgesellschaft und Nachhaltige Entwicklung" im Forum Info 2000/Forum Informationsgesellschaft der Bundesregierung. 1997 Preisträger des Wissenschaftlichen Preises der Gesellschaft für Mathematik, Ökonomie und Operations Research (GMÖOR). 1997 Berufung in den Wissenschaftlichen Beirat der EXPO 2000 GmbH für die Themenbereiche „Planet of visions" und „Das 21. Jahrhundert". Seit 2000 Mitglied des Wissenschaftlichen Beirats beim Bundesministerium für Verkehr, Bau- und Wohnungswesen (BMVBW). Seit 2000 Sprecher des „Global Society Dialogue" des Information Society Forums der EU.

Seit 2001 Vizepräsident des Ökosozialen Forums Europa. Seit 2002 Mitglied im Beirat der Landesregierung Baden-Württemberg für nachhaltige Entwicklung sowie Mitglied in der Jury für die Auswahl des Deutschen Umweltpreises. 2002 Mitglied im BahnBeirat der Deutsche Bahn AG.

2002 Mitglied im Club of Rome. Seit 2002 Mitglied des Verwaltungsbeirates der Stiftung Weltvertrag. 2003 Berufung in den Beirat von „art, science & business" der Akademie Schloss Solitude, Stuttgart. 2003 Vorsitzender des Wissenschaftlichen Beirates des Bundesverbandes für Wirtschaftsförderung und Außenwirtschaft (BWA). Mitglied im Deutschen Nationalkomitee der UNESCO für die Weltdekade „Bildung für nachhaltige Entwicklung" 2005–2014. 2003 Bestellung zum wissenschaftlichen Koordinator der Global-Marshall-Plan-Initiative.

Franz Josef Radermacher ist Autor von über 200 wissenschaftlichen Arbeiten aus den Bereichen Angewandte Mathematik, Operations Research, Angewandte Informatik, Systemtheorie sowie tangierten Fragen der Technikfolgenforschung und der Ethik/Philosophie; Letzteres auch mit Bezug auf globale Problemstellungen. Gesellschaftspolitische Interessenschwerpunkte betreffen den Übergang in die Informationsgesellschaft, lernende Organisationen, Umgang mit Risiken, Fragen der Verantwortung von Personen und Systemen, umweltverträgliche Mobilität, nachhaltige Entwicklung, Überbevölkerungsproblematik.

Das Forschungsinstitut für anwendungsorientierte Wissensverarbeitung (FAW) ist eine Stiftung des öffentlichen Rechts mit den folgenden Stiftern: Land Baden-Württemberg, Compaq Computer GmbH, DaimlerChryslerAG, Deutscher Sparkassen Verlag GmbH, Jenoptik AG, Land Kärnten, Robert Bosch GmbH, Stadtsparkasse Köln, Tecomac AG und ZF Friedrichshafen AG. Das Institut erarbeitet integrierte Systemlösungen in informationstechnisch anspruchsvollen interdisziplinären Themenbereichen, insbesondere Wissensmanagement, Integrierte Informations- und Kommunikationslösungen, Multimedia, Mensch-Maschine-Systeme/Autonome Systeme, Umweltinformatik, Verkehrsinformatik, Nachhaltige Entwicklung; hierbei wird insbesondere auch der Aufbau des Umweltinformationssystems Baden-Württemberg wissenschaftlich begleitet.